Marie-Hélène Loaëc

Photographies de Jacques Boulay

# JARDINER LES FLEURS PARFUMÉES

## 80 plantes pour parfumer votre jardin

Directeur de collection : Yves le Floc'h Soye

HACHETTE

# Sommaire

# Jardiner le parfum des fleurs

*« L'art des jardins est le seul art qui fasse appel aux cinq sens, en priorité aux odeurs et aux couleurs. » M. Baridon,* Les Jardins.

À l'aube de ce nouveau millénaire, nous voilà de plus en plus gourmands. Prenant conscience que nous avons cinq sens, c'est par ces cinq sens que nous voulons profiter du monde. Comme si la peur de voir disparaître certains éléments qui enrichissent notre univers nous poussait à mettre des bouchées doubles.

La nature, telle que nous la recréons dans nos jardins, n'échappe pas à notre quête : les arbustes doivent éclater de santé, les fleurs s'épanouir en beauté, les couleurs s'harmoniser avec délicatesse, mais surtout… notre jardin doit sentir bon.

Bien loin d'être un simple phénomène de mode, c'est un véritable retour aux sources de la vie, tout comme la perception de certaines senteurs nous ramène parfois aux souvenirs de notre enfance.

Ainsi l'odorat devient-il de plus en plus important dans notre vie quotidienne. Or, peu sollicité pendant de nombreuses années, c'est souvent celui de nos sens qui reste le plus paresseux. Mais par chance, cette perte de sensibilité n'est qu'un manque d'entraînement : il n'y a aucune raison physiologique pour que cette capacité de perception s'émousse avec le temps, puisque nos cellules olfactives se renouvellent continûment de la naissance à la mort. Chacun d'entre nous, à moins d'une malformation pathologique (l'anosmie) peut, quel que soit son âge, éduquer, entraîner et affiner son odorat. Une formidable occasion d'enrichir notre jardin d'une dimension supplémentaire en y cultivant non seulement des plantes mais aussi… le parfum des plantes.

## L'odorat, le plus subjectif de nos sens

Les odeurs sont détectées par de minuscules cils vibratiles situés au plafond des fosses nasales, dont les cellules olfactives sont directement liées au système nerveux. Trop intenses, elles peuvent même agresser ces terminaisons nerveuses et neutraliser leur intervention.

Non seulement la perception mais également l'appréciation de ces odeurs varient d'une personne à l'autre. Nous n'avons pas tous la même aptitude pour les recevoir et les interpréter.

Entrent en jeu notre sensibilité, nos souvenirs, nos capacités d'imagination, et peut-être aussi nos gènes : les hommes et les femmes ne sont pas égaux dans ce domaine. En effet, celles-ci ne perçoivent pas les odeurs avec la même intensité selon les phases hormonales de leur cycle, et lorsqu'elles sont enceintes, elles constatent souvent le développement de ce sens.

Il est donc difficile de décrire dans un langage universel ce que l'on ressent en respirant le parfum d'une fleur.

## Parfum du soir, parfum du matin

L'heure de la journée, les conditions atmosphériques – l'humidité, la température, l'ensoleillement – influent beaucoup sur notre plaisir olfactif. Sans compter le fait que certains facteurs, comme le tabac ou un nuage de parfum sur notre propre corps, peuvent déformer nos impressions immédiates.

Ainsi, les roses, les pivoines, les jacinthes révèlent plutôt leurs charmes le matin. Lorsque le soleil a réchauffé l'atmosphère, s'exhalent des parfums plus denses comme ceux des œillets, des phlox, des giroflées. Le soir, lorsque la température diminue, reviennent les roses, mais aussi les chèvrefeuilles, les lis, les lilas. Tandis que la nuit, se réveillent le galant de nuit et la belle de nuit, les bien nommés.

Certaines fleurs demandent à être humées de près tandis que d'autres dégagent un véritable nuage olfactif à percevoir délicatement, presque furtivement au gré d'un souffle de vent. C'est le cas de nombreux arbustes odorants comme les viornes, l'olivier de Bohême, ou les genêts. Certains peuvent parfumer agréablement tout un jardin alors qu'ils ne sentent plus rien de très près, ou même émettent une odeur désagréable.

Au moment de composer votre jardin parfumé, vous pouvez donc tenir compte de ces nuances, en fonction de vos habitudes, et de votre rythme de vie. Par exemple, privilégiez les fleurs aux senteurs vespérales aux abords des fenêtres qui restent ouvertes le soir dès le retour des beaux jours, mais en évitant les trop fortes senteurs nocturnes près des chambres. Pensez aussi que salle à manger de plein air ne fera pas trop bon ménage avec les parfums intenses, qui risquent de contrarier les plaisirs gustatifs du repas. Et qu'il n'est pas bon de multiplier les fleurs qui attirent les abeilles près des jeux des enfants ou de la chaise longue de la sieste.

*Dans le jardin, l'association des fragrances est aussi délicate que celle des couleurs. Certaines senteurs se marient harmonieusement, d'autres se nuisent mutuellement.*

*Le parfum, chez les fleurs, est une stratégie amoureuse ; il ne vise qu'à attirer l'insecte qui va les polliniser.*

## Où se cachent les odeurs ?

Les substances olfactives sont des huiles essentielles généralement concentrées dans des glandes situées à la surface des pétales. Leur nature et leur concentration sont des caractères génétiques propres à la variété. Ces huiles essentielles peuvent également se former sur les feuilles, les tiges, les écorces, les graines ou encore sur les racines, qui ne révèlent alors leur odeur qu'une fois déterrées. La fragrance qui se dégage est donc la composition d'une association de ces substances chimiques, libérées par différentes parties de la plante. Certaines huiles sont plus volatiles que d'autres : lorsque leur taux de volatilité est faible, comme pour celles du cèdre, le parfum est plus fort sur la plante elle-même, alors que lorsque le taux de volatilité est plus élevé, comme pour la lavande, le parfum se répand davantage alentour. Les fleurs aux pétales épais émettent également davantage d'odeurs :

ceux-ci ne retiennent pas bien les huiles essentielles, le parfum s'évapore plus rapidement et se révèle d'autant mieux perceptible.
En choisissant les plantes dont on a repéré le parfum, il faut faire attention à leur nom exact : rappelons que celui-ci se décline en genre, espèce et variété, et c'est en général simplement par le premier qu'elles sont couramment désignées.
Or certains genres réunissent plusieurs centaines d'espèces et de variétés, qu'elles soient naturelles ou obtenues par les horticulteurs (on parle alors de « cultivars », abréviation de l'anglais *cultivated varieties*).
Et il est rare que toute la famille d'un même genre et même d'une même espèce soit parfumée. Il faut donc bien identifier les plantes, jusqu'au nom de leur variété, au risque autrement d'être déçu.

## Pourquoi les plantes sentent-elles ?

Dans la nature, les senteurs émises par les végétaux ont pour rôle essentiel d'attirer les insectes pollinisateurs, afin qu'ils assurent leur fécondation en volant de fleur en fleur. Cette découverte du grand botaniste suédois Carl Linné dans les années 1750 fit scandale quand il l'énonça. Ainsi ce n'était pas pour le plaisir de nos narines que les fleurs se paraient de senteurs lourdes ou délicates : ce n'était qu'une affaire de sexualité !
Chacune de ces fleurs s'adapte à son insecte pollinisateur : celles qui exhalent leur parfum le soir par exemple attendent ainsi la visite de papillons nocturnes.

## Un jardin parfumé toute l'année

*Printemps : narcisses et jacinthes, violettes, oranger du Mexique, viorne, muguet, chèvrefeuille, lilas, glycine, roses, seringa, iris, œillets, olivier de Bohême (*Elaeagnus angustifolia*).*

*Eté : chèvrefeuille, jasmin, clématite, belles de nuit, lis, alysses, clérodendrons, lavande, tubéreuse, héliotrope du Pérou, lantanas, laurier-cerise, tilleul, acacia, magnolia, sureau, frangipanier, pois de senteur, capucines.*

*Automne : arbre au caramel (*Cercidyphyllum japonicum*), roses, oranger du Mexique, osmanthe.*

*Hiver : daphné, chimonanthe, chèvrefeuille (*Lonicera fragantissima*), clématite (*Clematis armandii*), mahonia, hamamélis, viorne, mimosa.*
*Pour certaines personnes, ce sont ces fleurs d'hiver parfumées qui sont les plus séduisantes : le jardin pendant ces quelques semaines est pratiquement dégarni, nu, et ses floraisons embaumées sont particulièrement bienvenues.*

*Les rosiéristes classent généralement les parfums de roses en plusieurs catégories : acidulés, fruités, épicés et poudrés.*

Et il est vrai que les fleurs les plus parfumées comme le gardénia, le jasmin, le lis... sont toutes blanches. Comme s'il y avait une relation inversement proportionnelle entre la vivacité de la couleur et l'intensité du parfum. Couleur et parfum ayant le même rôle : capter l'attention des insectes. Peut-être est-ce pour cela que les fleurs bleues sont en revanche rarement parfumées : leur couleur seule suffit à attirer les abeilles pollinisatrices.

Les odeurs végétales peuvent aussi, au contraire, avoir un rôle répulsif, leur permettant d'éloigner d'éventuels prédateurs : c'est alors plutôt le rôle des feuilles et des écorces. Les fourmis par exemple ont une aversion pour les effluves piquants des feuilles de menthe, les pucerons n'attaquent jamais la lavande, l'œillet d'Inde repousse les insectes parasites.

Beaucoup de plantes aromatiques, originaires de régions arides, sont également protégées de la dessiccation par les huiles essentielles qui forment une vapeur protectrice autour d'elles.

Mais aujourd'hui, le résultat des nombreuses hybridations faites par les botanistes et les horticulteurs n'a pour but que notre plaisir.

En ce début de siècle, ils considèrent le parfum des fleurs plus que jamais comme un critère de sélection dont il faut absolument tenir compte au moment de retenir et de développer de nouvelles variétés.

## Le parfum des fleurs : une richesse pour les hommes

Depuis des siècles, les hommes exploitent les huiles essentielles produites par certaines fleurs afin de réaliser des compositions qui sentent bon. À moins qu'ils ne recréent de façon artificielle des molécules qui imitent celles produites naturellement par ces fleurs.

Pour nos ancêtres grecs et latins, dans la pharmacie arabe, et dans notre propre histoire de la médecine, les parfums végétaux étaient même assimilés à des médicaments.

Ils permettaient aussi, comme l'évoque Montaigne, « de nous réjouir, éveiller et purifier le sens, pour nous rendre plus propre à la contemplation ». C'est d'ailleurs l'origine du mot parfum, *per* signifiant en latin « à travers » et *fumum*, « fumée ».

Mais les parfumeurs sont devenus aussi de véritables artistes, en composant à partir de ces notes de base des associations inédites, dont le résultat est une création unique, agréable au nez.

Certaines fragrances s'associent avec harmonie, comme la vanille qui accentue les senteurs de lavande, ou les épices qui renforcent le jasmin. Alors que d'autres se nuisent mutuellement, comme le lis et le gardénia par exemple, deux parfums lourds et capiteux qui en deviendraient désagréables.

De même au jardin, sur le balcon ou dans la maison, les associations de plantes odorantes doivent-elles se faire en toute harmonie.

## Où installer ses plantes parfumées ?

Les facettes d'un jardin parfumé se révèlent au cours de promenades successives, selon le temps qu'il fait, la saison, l'heure de la journée. L'humidité de l'atmosphère, l'orientation et la force du vent, l'intensité

du soleil sont autant de facteurs qui conditionneront l'intensité et la durée d'un parfum. C'est un jeu de piste enivrant qui demande plus d'un parcours pour révéler toutes ses richesses.

Pour profiter au mieux de ces parfums, privilégiez les bords des allées, l'entourage des aires de repos, une tonnelle abritant un banc, la proximité de la porte d'entrée et des fenêtres de la maison. Une haie entre deux jardins ou entre un jardin et la rue peut prendre une nouvelle dimension en intégrant dans son assortiment des arbustes parfumés. Ces parfums doivent être facilement accessibles : à hauteur de nez pour les fleurs ; sur un muret, ou au contraire à hauteur de main pour les plantes au feuillage odorant. Les espaces clos exacerbent les parfums en les concentrant et en limitant les influences du vent qui a tendance au contraire à les disperser.

Pensez aussi que beaucoup de ces fleurs, coupées et disposées en bouquets dans la maison, ou cultivées en potées d'intérieur vous permettront de prolonger chez vous le plaisir de leur parfum.

## À la découverte des jardins parfumés

Vous pouvez avoir envie de vous régaler de ces odeurs sans avoir la possibilité de cultiver ces plantes dans votre propre jardin. Ou peut-être désirez-vous apprécier des réalisations confirmées avant de faire votre propre choix. Partez donc à la découverte de quelques-uns de ces jardins qui mettent en avant dans leur composition cette nouvelle dimension,

*Faute de jardin, ne vous privez pas du plaisir des plantes parfumées. Certaines vivent très bien en pot et se contentent d'embaumer les petits balcons citadins.*

le parfum, et qui vous accueilleront au gré de vos promenades à travers la France.

Mais vous pouvez aussi prendre un plaisir virtuel au jardin parfumé en parcourant tout simplement les pages de ce livre.

Vous y trouverez, racontées et photographiées, quatre-vingt plantes qui représentent un bel échantillon de la palette disponible pour satisfaire votre attente : les champêtres qui évoquent les souvenirs de nos vacances d'enfant ; les classiques, incontournables des jardins parfumés ; les aromatiques, fières de charmer non seulement nos cellules olfactives mais également nos papilles ; les étonnantes, que vous ne connaissiez peut-être pas encore ; les subtiles qui vous réservent d'agréables surprises si vous savez les considérer de près ; et aussi les belles exotiques qui vous emmèneront dans de lointains paysages rien qu'en fermant les yeux et en respirant à plein nez....

# Les champêtres

# Le buddleia

## Un parfum de douceur

**Nom latin :** *Buddleia sp.*
**Famille :** Buddléiacées
**Hauteur :** 3 à 6 m
**Floraison :** été
**Exposition :** soleil ou ombre légère
**Type :** arbuste

Ce bel arbuste au port élégant arque ses longues branches souples qui se couvrent de petites fleurs tubulaires, en été, blanches ou colorées, réunies en grappes retombantes. Elles exhalent un parfum qui rappelle celui du lilas, avec des relents de miel plus ou moins prononcés.

Les feuilles sont opposées, c'est-à-dire situées en face les unes des autres sur la tige. Elles ont une forme d'ovale allongé, oscillant entre le vert moyen et le gris-vert, et tombent à la fin de l'automne.

Le *Buddleia davidii*, ou buddleia du père David, est le plus connu et il en existe de nombreux cultivars, offrant un bel assortiment de tons des fleurs : 'Black Knight' violet très foncé, 'Opéra' un peu plus clair, 'Ile de France' à gorge jaune, plus orangée chez 'Empire Blue'. Les fleurs de 'White Profusion' sont même blanches.

D'autres espèces, moins cultivées, ont aussi beaucoup de charme : les fleurs du *Buddleia alternifolia*, qui vient de Chine également, dégagent de forts parfums de miel, celles du *Buddleia auriculata*, originaire d'Afrique du Sud, ont des senteurs de fruit vanillé.

### Un arbuste facile à vivre

Le buddleia est un arbuste particulièrement facile à vivre, que l'on trouve souvent installé dans de vieux jardins à l'abandon, ou ayant investi des friches dans les pires conditions.

Plantez-le en plein soleil, à la rigueur en situation légèrement ombrée une partie de la journée, à l'abri d'un mur pour que ses fleurs émettent leurs senteurs au maximum.

Il est sans exigences sur le sol que vous lui réserverez, pourvu cependant que celui-ci soit bien drainé.

En le rabattant sévèrement en hiver, vous l'inciterez à former une belle touffe bien ramifiée et induirez une floraison encore plus abondante.

### Mélangez couleurs et parfums

Installez vos buddleias, dont la croissance est rapide, en fond de massif ou alignés en haie. Si vous choisissez de les laisser seuls, groupez plusieurs variétés qui harmoniseront leurs couleurs et dont les floraisons se succéderont tout l'été. Vous pouvez aussi les mélanger à d'autres arbustes comme des seringats, des mahonias ou des lilas, qui s'uniront pour

### L'arbre aux papillons

*C'est un certain père Soulié qui, déguisé en marchand tartare, récolta en 1890, en Chine, les graines d'un arbuste qui s'ornait de longues grappes violettes et qu'il dédia au révérend père Buddle, botaniste britannique. Cultivé au Muséum de Paris et à l'arboretum des Barres, le précieux arbuste fut d'abord considéré comme une plante fragile, à traiter avec beaucoup de précautions... jusqu'à ce que l'on s'aperçoive qu'il proliférait sans retenue et s'installait partout où il trouvait une petite place. Renseignements pris auprès des Chinois, il s'avéra effectivement que le buddleia investissait largement talus pierreux, éboulis et friches. Aucune raison pour qu'il ne fît pas de même chez nous ! Considérée par certains comme une véritable invasion, la bonne santé du buddleia enchante les autres qui apprécient son côté rebelle et sauvage... ainsi que son odeur sucrée qui attire les papillons et lui vaut son surnom.*
*Le Père Soulié ne connut jamais le succès de son arbuste : il fut assassiné au Tibet au début du XX^e siècle.*

embaumer votre jardin. Surveillez simplement les rejets pour ne pas vous laisser envahir. Il est aussi possible de cultiver un buddleia dans un grand bac, sur la terrasse.

# Frais et acidulé

**Nom latin :** *Lonicera japonica var. chinensis*
**Famille :** Caprifoliacées
**Hauteur :** 4 à 6 m
**Floraison :** été
**Exposition :** soleil ou mi-ombre
**Type :** grimpante

Les feuilles vert sombre et mates, semi-persistantes, de cette vigoureuse grimpante sont veinées de rouge, du même rouge bronze que celui qui habille les plus jeunes pousses de ses longues tiges.
Ses fleurs sont lumineuses et spectaculaires : carmin et crème, groupées par paire à l'aisselle des feuilles, elles exhalent avec beaucoup de puissance ce parfum caractéristique des chèvrefeuilles. Un parfum frais, sucré, presque acidulé, aux relents de jasmin et de miel, qui s'exprime le soir de façon encore plus intense, une espèce d'« âme parfumée » comme le qualifiait Guy de Maupassant.

## Situation abritée

C'est l'un des chèvrefeuilles les plus parfumés de la variété *japonica*, que l'on trouve couramment chez les pépiniéristes.
Il s'installe aussi bien au soleil qu'à mi-ombre, mais préfère une terre riche, qui reste fraîche pendant tout l'été, et une situation abritée : il n'apprécie pas les agressions telles qu'un gel intense, des vents insistants ou une sécheresse trop prolongée.

**Le chèvrefeuille en vers**

*« Comme les belles marjolaines,*
*J'ai de suaves élixirs*
*Dans mes coupes, pour les phalènes*
*Toujours dévorés de désirs.*

*J'embaume de ma douce haleine*
*Les coteaux, les vallons, la plaine ;*
*Et j'irais même – audacieux ! –*

*Jusqu'à parfumer – sans mystère –*
*Les étoiles d'or, si la terre*
*N'était pas aussi loin des cieux ! »*

Ce que disent les fleurs,
Sonnets, *Antonio Spinelli*
*1864*

## Talus parfumés

Laissez ses longues tiges grimper sur les haies et se mêler à d'autres arbustes, comme elles le font spontanément dans la nature, plutôt que de les palisser seules contre un mur.
Elles se montreront ainsi plus résistantes aux maladies, et notamment à l'oïdium auquel les chèvrefeuilles sont particulièrement sensibles.
Vous pouvez aussi les laisser courir en couvre-sol sur les talus relativement abrités, ou les transformer en topiaires odorantes.

# Une senteur vespérale

**Nom latin :** *Lonicera caprifolium*
**Famille :** Caprifoliacées
**Hauteur :** 3 à 10 m
**Floraison :** été
**Exposition :** soleil ou mi-ombre
**Type :** grimpante

Cette plante vigoureuse escalade les supports qu'elle rencontre en y entourant ses longues tiges volubiles, qui s'y accrochent sans l'aide d'aucun crampon.

Selon les espèces de chèvrefeuille, les feuilles sont arrondies ou plus allongées, d'un vert qui oscille du bleuté au vert franc, caduques, semi-persistantes ou persistantes pendant tout l'hiver.

En été, s'épanouissent à l'aisselle des feuilles des bouquets de petites fleurs en trompette fendue, d'où émergent de longues étamines.

Elles mêlent le plus souvent des nuances blanc crème et jaunes, en y ajoutant parfois des pointes rosées ou même nettement carminées.

À la tombée de la nuit, ces fleurs, qui attendent ainsi la visite du papillon qui va les polliniser, émettent des senteurs savoureuses, généralement fruitées, parfois plus épicées.

### Un bon compagnon

Sa croissance est rapide, et il prend sa place facilement dans les jardins, sans grandes exigences d'entretien.

Installez votre chèvrefeuille à l'automne, dans une terre enrichie d'un compost, en plein soleil ou à mi-ombre. En l'approchant de la maison et de ses ouvertures, vous profiterez au mieux de ses senteurs vespérales, qui sont incontestablement l'un des grands plaisirs des amateurs de végétaux parfumés ; mais sachez qu'il attire nombre d'insectes butineurs.

Réservez-lui un treillage le long du mur en évitant cependant les situations brûlantes, ou laissez-le tout simplement se mêler sans vergogne à des arbustes, du lierre ou des haies qu'il investira sans les gêner le moins du monde.

Le seul entretien conseillé consiste à supprimer le vieux bois après la floraison pour favoriser la vigueur des jeunes pousses.

Vous pouvez aussi installer votre pied de chèvrefeuille dans un bac et le laisser encadrer une fenêtre, mais n'oubliez surtout pas de l'arroser copieusement pendant les mois les plus chauds.

### Symbole d'un amour éternel

*Selon une légende citée par Jean-Baptiste de Vilmorin dans son* Jardin des Hommes, *un rameau de chèvrefeuille aurait percé la pierre du tombeau d'Héloïse et Abélard. Il fleurissait les soirs d'orage, symbolisant l'amour qui avait enfin pu réunir, après tant de péripéties sur terre, les deux amants dans la vie éternelle.*
*Le nom latin de ce genre,* Lonicera, *est un hommage au naturaliste allemand Adam Lonitzer qui vécut au* XVI*e siècle.*

### Une famille nombreuse

Les différentes espèces et variétés de chèvrefeuilles ont des vigueurs, des formes de feuilles, des couleurs de fleurs, des senteurs variables… et même des modes de croissance différents, puisqu'à côté des grimpants certains ont un port arbustif.
Le chèvrefeuille des bois ou chèvrefeuille des haies, *Lonicera periclymenum*, est encore plus odorant que le chèvrefeuille des jardins. Appréciant d'avoir le pied à l'ombre et la tête au soleil, il épanouit tout l'été ses grandes fleurs délicatement colorées.
Le *Lonicera japonica*, au feuillage semi-persistant, est aussi très populaire en été. Quant au *Lonicera fragrantissima*, c'est au contraire en plein hiver qu'il épanouit ses petites fleurs blanches très parfumées.

# Le genêt précoce

## Tout en miel

**Nom latin :**
*Cytisus* x *praecox*
**Famille :** Fabacées
**Hauteur :** 80 cm à 1,50 m
**Floraison :** printemps
**Exposition :** plein soleil
**Type :** arbuste

Les genêts sont des arbustes vigoureux et compacts, qui se parent au printemps d'une abondante floraison jaune, quelquefois blanche ou crème : leurs rameaux arqués, garnis d'un feuillage gris vert et duveteux, se couvrent sur toute leur longueur de grappes de fleurs en forme de petits papillons, dont se dégage une odeur très particulière, qui plaît plus ou moins : une odeur poudrée, sucrée d'une pointe de miel, qui rappelle l'encaustique ou un tilleul un peu âcre…
Plusieurs variétés hybrides de genêt précoce offrent un choix de coloris : les fleurs d''Albus' sont d'un blanc très pur et s'épanouissent dès la fin du mois d'avril, celles d''Allgold' parent l'arbuste de jaune au début du mois de mai, tandis que 'Warminster' se colore de jaune crème. 'Hollandia' est aussi un genêt précoce, qui tranche sur ces autres tons avec ses fleurs qui mélangent le pourpre et le rose.

### Une plante de plein soleil

Au printemps ou en automne, installez vos genêts (aussi jeunes que possible, car ils supportent mal la transplantation) dans un sol plutôt sableux et sec, même pauvre mais bien drainé, et surtout en plein soleil. C'est dans ces conditions qu'ils donneront toute leur splendeur et exprimeront le mieux leur parfum.
S'il est conseillé de rabattre la plante après la floraison pour que l'arbuste ne s'épuise pas à former ses fruits en forme de gousses, il faut garder cependant le coup de sécateur modéré : les genêts ne repartent pas du vieux bois sec.
L'arbuste finit peu à peu par s'épuiser, et il ne faut pas que vous comptiez le garder plus d'une dizaine d'années. Il est très facile, en revanche, d'en faire des boutures en été, qui prendront au fur et à mesure la relève.

### Une haie sauvage

Pour composer un superbe massif, vous pouvez associer vos genêts avec des lavandes ou avec des romarins, qui sont comme eux des plantes de plein soleil.
Mais les genêts forment aussi de belles haies libres, qui se couvrent de fleurs au printemps.
Mélangez-les avec des mahonias ou avec des forsythias qui les précéderont de peu en floraison.
Installé au potager, on a coutume de dire que le genêt aurait la propriété de faire périr

### Une plante entrée dans l'histoire

*Selon Pierre Miquel et sa* Petite Histoire des fleurs de l'histoire, *Geoffroi V, comte d'Anjou, fut peut-être surnommé Plantagenêt par ses compagnons parce qu'il portait une fleur de genêt à son chapeau lorsqu'il partait pour la chasse… À moins que ce ne soit parce qu'il aimait chevaucher dans les landes angevines, couvertes de bruyères et de genêts. Ou encore parce que son cheval favori était un genet d'Espagne ! Quoi qu'il en soit, il transmit ce surnom à son fils Henri, qui allait recevoir à Canterbury, en 1154, la couronne des rois d'Angleterre sous le nom de Henri II.*
*Ce n'est qu'en 1485 que la branche s'éteignit, les Plantagenêts ayant été éliminés par les Tudors à la suite de la guerre des Deux-Roses.*

les chenilles du chou. À tester si vous êtes un adepte de la lutte biologique intégrée. Vous pouvez aussi cultiver vos genêts en bac sur une terrasse.

# La giroflée ravenelle

## Premier parfum du printemps

**Nom latin :**
*Cheiranthus cheirii*
**Famille :** Brassicacées
**Hauteur :** 30 à 60 cm
**Floraison :** printemps
**Exposition :** soleil
**Type :** vivace ou bisannuelle

Divine découverte lors d'une après-midi ensoleillée de mars : quel est ce délicieux effluve vanillé qui vient taquiner le jardinier emmitouflé ? Les pieds de giroflées ravenelles les plus développés ou les mieux exposés ont fleuri par surprise ! De près, les fleurs évoquent plutôt le pain d'épices, avec une note nettement miellée, rehaussée d'un petit zeste d'agrume. Une fragrance chaude, qui nous rend optimiste ! C'est en effet la première fleur de jardin, après les crocus et les arbustes à floraison hivernale, à nous gratifier de son parfum… et de ses couleurs.

### Des tons chauds et subtils

Mordorés, bronze, orangés, rouge feu, parfois même crème ou framboise… c'est un festival de tons aussi gais que nuancés. Nombreux sont les pieds présentant sur chaque pétale plusieurs coloris en fins dégradés ou en zébrures fantaisistes. Le tout sur une étoffe au toucher « peau de pêche ». La giroflée ravenelle joue la carte des couleurs chaudes, sans jamais tomber dans les notes criardes.
Si vous semez vous-mêmes des graines, vous obtiendrez des coloris plus variés et un parfum plus puissant qu'avec les pieds des horticulteurs, qui choisissent des variétés hybrides appréciées pour leur régularité. Achetez les graines les plus simples, ce sont les meilleures.
Le summum de son épanouissement coïncidant avec les tulipes, le mariage le plus réussi consiste à mêler des giroflées ravenelles en tapis fourni et des taches de tulipes dans les tons chauds : jaunes, rouges, orange ou, encore mieux, mordorés bicolores, qu'elles soient à fleur simple ou double, ou « perroquet ».

### Une fille des rocailles

La giroflée ravenelle est une vivace cultivée en bisannuelle, que l'on sème dès mai-juin pour une floraison l'année suivante. Il est pourtant très fréquent que les pieds fleurissent deux années, voire trois, de suite. Cela dépend du sol, des conditions météorologiques et du fait qu'elles aient, ou non, fabriqué beaucoup de bois au cours de leur croissance. Les pieds les plus ligneux dégénèrent et meurent, ou deviennent imprésentables après la floraison. Elle n'apprécie rien tant que des sols pauvres et secs, voire des climats arides ! Elle mérite

### Populaire depuis longtemps

*Les ouvrages des botanistes arabes Ibn Bassal et Ibn al-Awwam, qui vivaient au XIIe siècle en Espagne, donnent de longues listes des plantes utilisées dans les jardins.*
*Parmi celles-ci, les giroflées ravenelles étaient déjà particulièrement appréciées pour leur beauté et leur parfum.*
*Aujourd'hui, c'est toujours l'une des plantes fleuries des jardins les plus populaires.*

d'ailleurs parfaitement son surnom de giroflée des murailles, car on la rencontre souvent perchée sur les vieilles constructions maçonnées au sable ou à l'argile. Elle pousse aussi dans les terres riches, même consistantes, mais s'y ressème moins volontiers.
Et elle y risque plus la mort en hiver, par excès d'humidité plus que par le froid.

### Jamais déplacée

La giroflée ravenelle mérite sa place dans les massifs raffinés comme dans les jardins champêtres, et aussi en potées.
Vous apprécierez autant sa beauté et son parfum que sa ténacité, comme Maurice Maeterlinck, qui écrivit à son propos : « Vieilles fleurs courageuses ! giroflées qui chantez parmi les murs en ruine et couvrez de lumière les pierres qui s'attristent… »

# *L'iris pallida*

## Un bleu pâle odorant

Les fleurs bleu lavande de l'*Iris pallida* s'épanouissent en mai et juin au sommet des grandes hampes florales, et exhalent un parfum de fleur d'oranger. Leur forme est caractéristique des fleurs d'iris, avec leurs trois pétales relevés et, de même couleur, leurs trois sépales tombants, portant en leur milieu une petite barbe de poils blancs bordés de jaune orangé.

Deux à six fleurs de taille moyenne, de 5 à 10 centimètres de diamètre, se superposent ainsi comme une grappe sur une seule tige ramifiée, ponctuée de fines bractées argentées. Elles émergent au-dessus des nombreuses feuilles dressées comme des sabres, gris-vert, qui restent décoratives tout l'été.

L'*Iris pallida* apporte une touche supplémentaire dans les jardins avec ses variantes à feuillages panachés : le vert pâle des feuilles de 'variegata argentea' est rayé de blanc argenté. Quant au feuillage de l'*Iris pallida* 'variegata aurea', il présente des rayures jaune crème sur fond vert vif. Ce sont des variétés un peu moins vigoureuses, comme souvent les végétaux panachés, mais qui ont l'avantage de remarquablement résister à la grande sécheresse.

## L'iris des parfumeurs

*Ce ne sont pas les fleurs, pourtant très agréablement parfumées, aussi bien de l'*Iris florentina *que de l'*Iris pallida *qui sont prélevées, mais leurs rhizomes.*
*Après qu'ils ont été récoltés, nettoyés et séchés, il faut attendre pas moins de 3 ans pour qu'ils commencent à dégager leur puissant principe odorant, l'irone, aux senteurs de violette.*
*Les rhizomes sont alors broyés et traités à l'alcool. Ils fournissent une pâte, dont on extrait une poudre et une essence qui vont être employées en parfumerie et en cosmétique.*
*Autrefois, les rhizomes de ces iris étaient donnés à mâchouiller aux petits enfants pour les aider à faire leurs dents. La poudre d'iris était également utilisée pour corser le tabac à priser ou pour donner du bouquet aux vins ordinaires.*

## Un robuste campagnard

L'*Iris pallida* prospère sans problème au soleil et dans une terre bien drainée, dégageant des effluves qui seront d'autant plus perceptibles que les fleurs seront en grand nombre. Il s'est d'ailleurs largement naturalisé dans nos campagnes et se rencontre couramment, même dans des sites ingrats : il arrivait autrefois qu'on en plante le long des voies ferrées pour que leurs longues racines retiennent le ballast.
Dans les jardins, avec ses fleurs d'un agréable bleu lavande et son feuillage éventuellement panaché, l'*Iris pallida* est intéressant à installer en premier plan de bordures herbacées.

## Être ou ne pas être un iris de Florence

Dans certaines publications, l'*Iris pallida* est appelé à tort iris de Florence, alors que cette dénomination ne devrait concerner que l'*Iris florentina*, aux fleurs blanches elles aussi très parfumées. Cette confusion vient sans doute du fait que ces deux espèces sont utilisées par les parfumeurs, ceux-ci privilégiant maintenant l'*Iris pallida*, plus vigoureux et de culture plus facile.
Un doute botanique persiste sur cet *Iris florentina*, et les spécialistes n'ont pas déterminé s'il s'agissait d'une variété d'*Iris germanica* ou d'un hybride. Ces deux espèces, *pallida* et *florentina*, sont des représentantes de la série des *Elatae*, dont les hybridations sont à l'origine de tous nos grands iris de jardin.

**Nom latin :**
*Iris pallida*
**Famille :** Iridacées
**Hauteur :**
90 cm à 1 m
**Floraison :** mai – juin
**Exposition :** soleil
**Type :** bulbeuse vivace

# La glycine

## Des grappes romantiques

**Nom latin :**
*Wisteria sinensis*
**Famille :** Fabacées
**Hauteur :** 10 à 30 m
**Floraison :** mai
**Exposition :**
plein soleil
**Type :** grimpante

Les longues grappes mauves de la glycine sont l'un des signes du retour des beaux jours. Cet arbuste grimpant peut devenir, avec l'âge, d'une vigueur impressionnante, les tiges qui s'enroulent autour de leur support pouvant enserrer des grilles entières.
Bien exposée, la glycine se couvre en mai de ces grappes de plusieurs dizaines de fleurs papilionacées, qui dégagent des senteurs intenses, évoquant un peu la violette.
Cette floraison va remonter une et même parfois deux fois avant l'automne, mais de façon moins spectaculaire et somptueuse : une taille légère stimulera cette nouvelle mise à fleurs.
En s'éparpillant sur le sol, les pétales des fleurs fanées prolongent le décor en formant un joli tapis coloré.
L'hiver, cette grimpante perd ses feuilles, ne conservant pour sobre décor qu'un lacis de grandes branches.
Il existe une variété 'Alba' qui se montre semblable en tout point à la glycine classique, mais dont les grappes de fleurs sont d'un blanc immaculé.

### Splendeur dans la sobriété

Ne vous préoccupez pratiquement pas de la nature du sol où vous allez implanter votre pied de glycine : s'il est trop riche, elle peut mettre plusieurs années avant de fleurir. Cependant, elle craint les sols trop calcaires, qui provoquent souvent une chlorose, c'est-à-dire un manque de chlorophylle qui entraîne le jaunissement du feuillage.
Veillez à n'acheter que des plantes greffées : ce sont les seules qui vous apportent la garantie que les fleurs que vous obtiendrez correspondront bien à la variété que vous avez choisie.

### Installée pour cent ans

La glycine, qui peut vivre centenaire, n'a pas son pareil pour apporter une note romantique dans les jardins.
Elle a besoin de soleil et de chaleur pour s'épanouir dans toute sa splendeur. Installée sur un mur exposé au sud, elle profitera effectivement de ces deux bénéfices. Mais elle supporte tout de même une exposition moins avantageuse, à mi-ombre.

### Les merveilles botaniques de la Chine

*La cour de Louis XIV était, à l'instar de son roi, passionnée de botanique et curieuse de toutes les plantes que rapportaient de leurs voyages des cohortes de pères jésuites. C'est lors d'une mission en Chine, en 1687, que l'un d'eux, le père Parennin, découvrit la glycine, parmi bien d'autres merveilles, comme la reine-marguerite ou l'œillet de Chine. Échantillons et graines aboutirent au Jardin du Roi à Paris, l'actuel Jardin des Plantes.*

*C'est à cette époque également que les jésuites ramenèrent l'encens, le ginseng, le rhododendron, le ginkgo, le thé... Mais non content de l'engouement de ses serviteurs pour la Chine et sa philosophie, le Vatican mit le holà et exigea leur retour définitif. Ce n'est que deux siècles plus tard que l'aventure botanique chinoise reprit, avec d'autres acteurs. Elle se poursuit encore de nos jours : en 1998, une mission de sept éminents botanistes français est partie à la découverte des merveilles encore cachées de cet Empire qui fut céleste.*

En la palissant sur un porche ou une grille d'entrée, vous mettrez son parfum à la portée de vos visiteurs et à celle des passants qui longent votre jardin.

Vous pouvez aussi garnir une pergola, ou habiller avec élégance un grand arbre un peu dégarni.

# Des effluves de fleur d'oranger

Cet arbuste, qui est selon certains amateurs l'un des plus parfumés, porte aussi le joli nom de jasmin des poètes.
Ses rameaux dressés avec force, jamais très haut, se couvrent au retour du printemps de feuilles ovales et pointues, vert foncé, très décoratives à elles seules. En juin ou juillet, les voici accompagnées d'une multitude de fleurs, solitaires ou en bouquets. Simples, avec leurs quatre jolis pétales en coupe plus ou moins large, semi-doubles ou doubles, d'un blanc pur ou crème, parfois marquées de pourpre, elles dévoilent splendidement leurs étamines jaunes. Avec plus ou moins d'intensité selon les espèces et les variétés, ces fleurs dégagent des senteurs de miel, évoquant la fleur d'oranger. Cette floraison ne dure pas plus de deux semaines, mais elle est vraiment

**Parfum d'amour,**
**mais bois de flûte**

*Les seringats étaient déjà connus depuis Louis XIV, mais les premières espèces à fleurs odorantes ne vinrent d'Amérique en Europe qu'au début des années 1800. Elles intéressèrent d'emblée des jardiniers remarquables, comme Victor Lemoine, qui s'amusèrent à en créer un grand nombre de nouveaux hybrides et firent la renommée de cette famille. Le nom latin du seringat,* Philadelphus, *a une étymologie grecque :* philein, *« aimer » et* adelphê, *« sœur ». Philadelphe était effectivement un nom donné aux pharaons égyptiens, qui épousaient fréquemment leur sœur.*
*Cette appellation aurait-elle un rapport avec la légende qui prétendait autrefois que le parfum du seringat rendait les hommes prévenants ?*
*Quant au mot français « seringat », il a la même origine que la seringue : le bois de cette plante servait, vidé de sa moelle, à fabriquer seringues et flûtes.*

somptueuse. Il existe une quarantaine d'espèces de seringats et plus d'une centaine de cultivars. Les hybrides les plus odorants s'appellent 'Virginal', à grandes fleurs doubles, 'Belle Étoile' aux fleurs simples marquées de rose, 'Manteau d'Hermine', 'Bouquet Blanc'
au parfum délicat d'orange, ou encore 'Silberregen' aux originales senteurs de fraise.

## Un arbuste facile

Les seringats poussent rapidement en tout sol fertile et bien drainé, même calcaire.
Vous pourrez les installer au soleil ou à mi-ombre, sachant bien sûr que dans le premier cas le parfum de leurs fleurs s'exprimera avec encore plus d'intensité. Veillez cependant à éviter les emplacements brûlants ou trop secs.
En choisissant plusieurs variétés, qui ne fleuriront pas exactement en même temps, vous prolongerez d'autant votre plaisir.
L'entretien des seringats est des plus simples, mais n'hésitez pas, après quelques années, à les rajeunir de bons coups de sécateur. Après la floraison, taillez les extrémités qui ont fleuri et supprimez les branches âgées ou faibles.

## En bonne compagnie

Les seringats peuvent être installés isolés, en massif ou en haie. Ne se développant jamais beaucoup, ils sont parfaits pour les petits jardins. Il est même possible de les cultiver en bac.
Vous pouvez vous contenter de mélanger plusieurs variétés, mais ils formeront aussi des haies ou des massifs harmonieux en étant mêlés à des lilas, des deutzias, des pommiers d'ornement, des rosiers, etc.

**Nom latin :** *Philadelphus coronarius*
**Famille :** Hydrangéacées/ Philadelphacées
**Hauteur :** 1 à 3 m
**Floraison :** juin – juillet
**Exposition :** mi-ombre ou soleil
**Type :** arbuste

# Le lilas commun

## Souvenir d'enfance

Le lilas est l'un des arbustes à fleurs les plus connus, identifié même par les néophytes. Il évoque pour nous tous, ou presque, des souvenirs d'enfance !

Ce grand arbuste aux branches érigées s'habille au printemps de feuilles pointues en forme de cœur, d'un tendre vert clair. Puis, de mi-avril à mi-mai, les extrémités des pousses se couvrent de panicules colorées de 10 à 20 centimètres de longueur, blanches, roses, pourpres, mauves, ou tout simplement de couleur… lilas, qui dégagent un fort parfum à note florale verte.

Les toutes petites fleurs qui les composent en se chevauchant les unes les autres ressemblent à de minuscules trompettes fendues en quatre lobes arrondis à leur extrémité, parfois dédoublées pour certaines variétés.

Le lilas de Rouen ou *Syringa x chinensis* est une autre espèce, qui provient d'un croisement obtenu au XVIIIe siècle à partir du lilas commun : ses rameaux retombent avec souplesse et ses larges grappes de fleurs violet pourpré, elles aussi très odorantes, s'éclaircissent en fin de floraison.

### Du lilas hors saison, un luxe parisien

*Originaire du sud-est de l'Europe et de l'ouest de l'Asie, le lilas est cultivé en France depuis le XVIe siècle. Nancy fut une capitale pour cette belle parfumée : l'horticulteur Victor Lemoine y créa de nombreuses variétés, dont quelque cent quarante sont actuellement conservées dans ses jardins botaniques. La petite commune de Vitry-sur-Seine, dans la région parisienne, dut aussi sa prospérité au lilas à la fin du XIXe siècle et au début du XXe siècle : dans ses forceries, grandes serres équipées de bâches obscures, chauffées artificiellement et en atmosphère très humide, les arbustes étaient mis dans des conditions artificielles qui relançaient leur cycle végétatif. Dès leur apparition, les bourgeons étaient exposés à la lumière pour s'épanouir. La dernière forcerie de Vitry a cessé son activité en 1978.*

### Une vigueur de centenaire

Planter un lilas isolé, installer un massif ou une haie, vous avez le choix. L'essentiel est de lui réserver un emplacement dans un sol ordinaire, éventuellement calcaire, et de préférence bien drainant. Au soleil, sa floraison sera plus abondante et parfumée, mais il supporte aussi une ombre légère.

Cet arbuste a la vie dure : d'une croissance lente, résistant à de très basses températures, ainsi qu'à un manque total d'entretien, il peut faire un beau centenaire. C'est sans doute la raison pour laquelle on en trouve dans tant de jardins plus ou moins abandonnés : il est possible de leur redonner un coup de jeune en les rabattant sévèrement en hiver, sachant qu'on sacrifie alors la floraison du printemps suivant.

Si vous n'avez pas, au fur et à mesure de leur épanouissement, coupé les bouquets pour embaumer toute la maison, éliminez sur l'arbre les fleurs fanées pour éviter la formation des graines. Une taille légère permettra de conserver une forme harmonieuse à vos lilas.

### Une valeur sûre

Les fleurs de lilas sont un délice pour l'odorat du jardinier, mais malheureusement elles ne durent pas très longtemps : en mélangeant plusieurs variétés, qui ne s'épanouiront pas exactement en même temps et seront de couleurs différentes, vous prolongerez d'autant votre plaisir.

Le lilas se marie très bien également avec d'autres arbustes, que ce soit dans un massif ou dans une haie composée : prunus, spirées, viornes, cytises…

Pour conserver longtemps vos bouquets de branches fleuries, il est recommandé d'éliminer tout le feuillage.

**Nom latin :** *Syringa vulgaris*
**Famille :** Oléacées
**Hauteur :** 3 à 4 m
**Floraison :** avril – mai
**Exposition :** ombre légère ou soleil
**Type :** arbuste

# La julienne des Dames

## Vanille du soir

**Nom latin :**
*Hesperis matronalis*
**Famille :** Brassicacées
**Hauteur :**
80 cm à 1,20 m
**Floraison :**
mai à juillet
**Exposition :**
mi-ombre
**Type :** vivace

Cette jolie vivace, connue sous les noms de julienne des Dames ou julienne des jardins, pousse dans les bois humides de nos montagnes, et trouve tout naturellement sa place dans les jardins de style champêtre. De sa touffe dressée, légèrement velue, émergent au printemps des grappes de petites fleurs à quatre pétales, violettes, pourpres ou blanches, qui vont embaumer de leurs effluves vanillés les longues soirées de juin et de juillet. Ces senteurs évoquent aussi la girofle qui, par déformation, a peut-être donné son nom à la julienne.
Rustique, cette plante apprécie les emplacements mi-ombragés, qui restent frais et humides, et s'y ressème spontanément. Même si elle se conduit souvent comme une bisannuelle, cette plante s'installe ainsi pour un long moment dans les jardins.

### Une grande dégingandée

Vous pouvez tout simplement semer ces fleurs en début d'été ou installer de jeunes touffes dans un sol fertile et lourd, en plein soleil ou à mi-ombre. Tolérant de fortes gelées, elles feront rapidement leur place dans les massifs.

### Une plante du Moyen Âge

*Cette grande plante aux bouquets odorants était déjà très appréciée dans les jardins du Moyen Âge. Et c'est dès le XVI<sup>e</sup> siècle, que les horticulteurs ont obtenu de cette julienne une forme blanche à fleurs doubles. Nombreux sont les noms qui l'ont accompagnée au cours de ces siècles où sa séduction ne s'est jamais démentie : girarde, encore quelquefois utilisé, mais aussi cassolette, beurrée, ou encore damas…*

Il faut parfois soutenir leurs grandes tiges pour éviter qu'elles ne se couchent par trop de vent ou de pluie. Vous les maintiendrez debout soit en cerclant la touffe d'un tuteur arrondi, soit en les associant à d'autres espèces de grandes fleurs aux tiges plus rigides, comme des giroflées ou des œillets, qui sauront leur apporter leur appui le moment venu.

**Un écrin sauvage**

La julienne des Dames se multiplie par éclat des touffes en septembre, et supporte très bien les transplantations : vous pouvez ainsi discipliner son humeur vagabonde et la réinstaller là où vous le désirez ! Ces grandes fleurs au style sauvage s'associent très bien aux rosiers de type ancien, à fleurs jaunes ou roses, en leur formant un très bel écrin. De même, elles se marient harmonieusement avec des tulipes tardives, ou avec d'autres plantes champêtres comme les alchémilles.

# *Le lis royal*

## Une élégance embaumée

Au sommet des vigoureuses tiges du lis royal, d'un vert grisâtre teinté de violet, hérissées sur toute leur hauteur d'étroites petites feuilles brillantes, s'épanouissent en juin et juillet des groupes de fleurs allongées en forme de trompette.

Les six segments identiques, pétales à l'intérieur et sépales légèrement plus étroits à l'extérieur, sont largement ouverts et laissent apparaître un fond teinté de jaune. D'un blanc pur sur leur face interne, ces grandes trompettes sont veinées de longues traînées pourpres sur leur partie extérieure.

En s'épanouissant, elles laissent jaillir un pistil vert, entouré des six étamines qui sont coiffées de leurs anthères jaune orangé, gonflées de pollen.

Le parfum de ces fleurs est lourd et puissant, particulièrement intense pour cette espèce de lis, pouvant même parfois devenir entêtant.

### Une plante rustique, belle pour des années

Les gros bulbes du lis royal, se plantent au printemps, à une profondeur, de 15 à 20 centimètres, dans un sol meuble et bien drainé, qui reste frais pendant l'été.

### Les lis, une grande famille

*Le nom du lis viendrait du mot celte* li, *signifiant blanc.*
*À l'origine, cette fleur est toute blanche effectivement, évoquant selon les différentes civilisations la pureté virginale, la beauté, la résurrection, la majesté ou la gloire...*
*Mais tous les lis ne sont pas blancs, même parmi les espèces sauvages, toujours cultivées dans leur forme originale : ils sont aussi dorés, orange, pourpres, roses et pour la plupart merveilleusement odorants.*
*S'y ajoutent tous les lis hybrides, résultats du travail des obtenteurs qui ont croisé des espèces différentes, certaines en provenance d'Europe, d'autres du sud de l'Asie, d'autres encore d'Amérique du Nord, pour varier à l'infini la palette des couleurs.*
*C'est un explorateur américain, Ernest Wilson, qui aurait ramené du Tibet le majestueux lis royal, découvert au cours d'une entreprise périlleuse qui lui coûta l'une de ses jambes.*

Installez-les en plein soleil mais dans un environnement où les touffes pourront garder les pieds à l'ombre.
Sans les déranger, car cela abîmerait leurs racines, et sans beaucoup de soins, vos lis royaux vont prospérer pendant des années : contentez-vous de maintenir le sol propre, d'arroser fréquemment en cours de végétation, d'apporter de l'engrais liquide, et de mélanger un peu de compost à la terre après la floraison.
Il peut aussi être nécessaire de tuteurer ces très grandes tiges qui montent à hauteur d'homme.

### Embaumez vos soirées d'été

Regroupez quelques lis royaux, et mêlez-les à de grandes vivaces – delphiniums, campanules, pivoines, etc. – qui fleurissent au même moment.
L'effet est également remarquable et spectaculaire lorsqu'ils s'épanouissent devant un fond sombre de conifères ou de cotonéasters par exemple. Ils se fondent également avec naturel dans un environnement de graminées ou de grandes herbacées.
Le soir, dans un endroit réservé à la détente, des lis royaux sembleront dans la pénombre diffuser leur propre lumière tout en exhalant leur parfum exquis : ce sera vraiment un moment privilégié dans votre jardin.
Si vous en avez une grande quantité ou si vous les avez cultivés dans un endroit spécifique du potager, vous pourrez profiter de vos lis coupés pour composer de somptueux bouquets.

**Nom latin :**
*Lilium regale*
**Famille :** Liliacées
**Hauteur :**
80 cm à 1,80 m
**Floraison :**
juin – juillet
**Exposition :** soleil
**Type :** bulbeuse

# Le lis candide

## Une pureté aux senteurs de miel

**Nom latin :**
*Lilium candidum*
**Famille :** Liliacées
**Hauteur :**
1 à 1,50 m
**Floraison :** fin mai
**Exposition :** soleil
**Type :** bulbeuse

Au creux des rosettes de feuilles qui ont persisté pendant tout l'hiver, émergent au printemps de grandes hampes florales, qui se couvrent d'une multitude de petites feuilles lancéolées. Puis, au sommet de ces hautes tiges rigides, s'épanouissent entre cinq et vingt somptueuses fleurs en trompettes, dont la blancheur immaculée est encore intensifiée par la légère touche de jaune qui les colore à la base.

De ces grandes corolles, dont les six segments réguliers s'ouvrent avec beaucoup d'élégance, jaillissent les étamines, blanches elles aussi, terminées par des petits sacs tout dorés de la poudre jaune du pollen.

Lorsque les courants d'air printaniers viennent gentiment caresser ces belles et fières trompettes, elles exhalent un parfum sensuel et pénétrant, aux effluves de miel.

Le lis royal, *Lilium regale*, blanc également, épanouit en juin et juillet des fleurs encore plus parfumées, qui en sont presque entêtantes. Quant au *Lilium auratum*, il est en revanche, délicatement épicé.

### Une plante rustique

Contrairement aux autres espèces de lis, qui se mettent en terre au printemps, plantez les gros bulbes à écailles du lis candide en été ou même au début de l'automne, très peu enterrés, sous quelques centimètres de terre seulement.

Évitez les sols trop humides, dans lesquels ils risquent de pourrir – mélangez au besoin un peu de sable à votre terre – et choisissez une exposition bien ensoleillée : vos lis épanouis n'en seront que plus étincelants et odorants.

Supportant de très basses températures, les lis candides se naturalisent sans problème et vous pourrez les oublier d'une année sur l'autre : ils se chargeront eux-mêmes de vous rappeler leur somptueuse présence, prenant au fil des années toujours plus d'ampleur.

### Le charme des plantes anciennes

Les lis candides sont des fleurs traditionnellement installées dans les jardins de style médiéval, où ils voisinent avec les simples et les aromatiques.

Mais vous avez également la possibilité de les intégrer dans n'importe quel autre décor : dans un massif ou une bordure,

**Symbole de pureté**

*Ne parle-t-on pas d'un teint de lis ? Cette fleur, qui est l'une des plus anciennement connues dans nos contrées européennes et largement citée dans les écrits antiques, est un symbole de pureté. Son nom provient d'ailleurs du mot celte* li, *qui signifie « blanc ». De nombreuses légendes mythologiques attribuent au lis une origine divine : il se serait épanoui d'une goutte de lait tombée du sein de Junon, dont Vénus par jalousie aurait souillé la blancheur de la tache jaune des étamines ; ou encore d'une goutte de lait de la déesse Rhéa pendant qu'elle nourrissait son fils Jupiter. La tradition chrétienne l'associe à l'image de la Vierge d'où ses synonymes : lis de la Madone ou lis de Marie. En revanche, la fleur de lys de nos rois ne serait pas la stylisation d'un lis candide, mais celle d'un iris, dont le nom aurait été déformé au fil des ans.*

en compagnie de rosiers, de coussins de lavandes, de grandes vivaces ou d'annuelles colorées, ou encore avec d'autres bulbeuses, alstroemères ou ails d'ornement.
Il est possible de préparer des potées de lis candides : choisissez des contenants profonds, qui s'harmoniseront avec ces grandes plantes qu'il sera peut-être nécessaire de tuteurer discrètement.

# *Le tilleul*

## Petites fleurs odorantes

Grands classiques de nos jardins, les tilleuls, majestueux, comptent un grand nombre d'espèces qui diffèrent par leur allure, leur feuillage et leur floraison, mais ont en commun les effluves qu'exhalent leurs petites fleurs discrètes, le soir venu, mélange de lilas et de narcisse.

Les feuilles des tilleuls ont une forme arrondie caractéristique, avec une extrémité effilée et une base comme un cœur. Elles sont plus ou moins grandes, mais toujours dentées, alternes et portées par des pétioles souples. Les petites fleurs en coupe, blanc crème ou jaunâtres, d'où émergent de longues étamines, sont regroupées en petits bouquets retombants. Les espèces les plus répandues sont le tilleul de Hollande, *Tilia platyphylla*, aux grandes feuilles, et le tilleul des bois, *Tilia cordata*, chez lequel elles sont beaucoup plus petites. *Tilia tomentosa*, le tilleul argenté, a un port vraiment

## Un régal pour les abeilles

*Il n'y a pas que pour les narines humaines que le tilleul est un régal : ses fleurs sont aussi très appréciées des abeilles, qui fabriquent avec son nectar un miel réputé. Mais certaines feuilles, comme celles du tilleul argenté, sécrètent des substances qui sont pour elles de véritables narcotiques.*
*Les fleurs de tilleul, récoltées par temps sec et ensoleillé et mises quelques jours à sécher, permettent de préparer pour les humains des tisanes aux vertus sédatives.*
*Et si, décidément, ce parfum vous séduit, coupez quelques branches fleuries et placez-les dans un vase dans la maison : pendant quelques jours, elles y apporteront toutes leurs agréables fragrances.*
*Le mot « tilleul » désigne tout à la fois l'arbre et l'infusion, et il qualifie une certaine nuance de vert clair.*

pyramidal, et des fleurs particulièrement parfumées. Ses feuilles de deux couleurs, gris-vert dessus, argentées dessous, chatoient magnifiquement au moindre souffle de vent, avant de prendre une belle teinte dorée à l'automne.

## Un arbre majestueux

Si vous décidez l'installation d'un tilleul dans votre jardin, choisissez-lui un emplacement suffisamment éloigné de la maison car il prendra en quelques années beaucoup d'ampleur.
Plantez-le de préférence à l'automne, dans un sol frais et bien drainé, au soleil ou à mi-ombre. Évitez simplement un endroit trop sec ou trop venté. Le tilleul préfère les sols calcaires ou neutres, au pH supérieur à 7, mais tolère une terre un peu acide.
Vous pouvez tailler ses branches doucement, tous les trois ou quatre ans en hiver, pour assurer la forme de votre arbre, mais sachez qu'une taille trop sévère annule la floraison du printemps suivant.

## Un banc à l'ombre du tilleul

Le tilleul est un bel arbre de parc et d'alignement, très décoratif, qui résiste bien à la pollution et que vous pourrez donc installer sans problème dans un grand jardin de ville. Pas trop près de la maison, pour lui laisser prendre son plein développement, mais pas trop éloigné non plus, pour que les effluves de sa floraison vous parviennent sur le seuil de votre porte ou sur la terrasse. À moins que vous n'installiez à son pied un banc de repos : vous profiterez de son ombre dans la journée et, le soir venu, vous pourrez venir respirer le parfum de ses fleurs.

**Nom latin :** *Tilia sp.*
**Famille :** Tiliacées
**Hauteur :** jusqu'à 30 m
**Floraison :** été
**Exposition :** mi-ombre ou soleil
**Type :** arbre

# Le pois de senteur

## De la soie parfumée

Ses fleurs ressemblent à celles du petit pois et elles sentent bon, un mélange de miel et de fleur d'oranger… voici l'explication toute simple du nom commun de cette plante annuelle.

Les feuilles, composées de plusieurs folioles ovales, sont terminées par une petite vrille.

De mai à septembre, s'épanouissent les grandes fleurs, réunies par deux ou trois sur un long pédoncule. Elles ont une forme de papillon et des pétales légers aux nuances subtiles.

Les horticulteurs, dès le XIXe siècle, ont sélectionné de très nombreux cultivars différant par la couleur et la taille des fleurs, offrant toutes les nuances, du blanc au rouge, du pourpre au lilas.

Les pois de senteur sont généralement grimpants, mais il existe aussi maintenant des variétés naines. Elles sont malheureusement moins parfumées.

### Des plantes gourmandes

Les pois de senteur aiment le soleil, pourvu qu'il ne soit pas trop brûlant ni trop insistant. Ils réussissent également très bien un peu à l'ombre, à l'abri des courants d'air.

Avec leur cycle de vie annuel, ces plantes

gourmandes demandent un sol fertile, très riche en humus et bien drainé, jamais desséché : incorporez un amendement organique au moment de la plantation, puis de l'engrais liquide tous les quinze jours, tout au long de la saison.
Les pois de senteur se sèment sur place au printemps, ou à l'automne sous les climats doux, en plusieurs fois pour étaler la période de floraison. Pour favoriser la germination, laissez tremper les graines une nuit dans l'eau ou entaillez-les délicatement.
Les fleurs sont éphémères : enlevez au fur et à mesure celles qui sont fanées, pour éviter qu'elles ne se transforment en gousses et pour favoriser la venue de nouvelles inflorescences.
Le pois de senteur est une plante annuelle : ne vous étonnez donc pas de la voir disparaître dès les premières gelées. Il vous faudra de nouveau semer des graines pour l'année suivante.

### Jardin de campagne

Semés dans un massif, les pois de senteur se serviront des autres plantes pour grimper, mais elles ont autrement besoin d'un support : treillage, grillage, tonnelle, filet à ramer…
Il vous faudra aider les jeunes pousses à s'accrocher avec des brins de raphia, avant qu'elles ne se débrouillent toutes seules.
Vous pouvez colorer tout un mur en semant à son pied des variétés différentes de pois de senteur que vous ferez grimper sur toute sa hauteur. Les pois de senteur peuvent aussi être cultivés dans un grand bac sur une terrasse ou un balcon. Dans la maison, vous en ferez de superbes bouquets odorants.

**Nom latin :** *Lathyrus odoratus*
**Famille :** Fabacées
**Hauteur :** 2 à 2,50 m
**Floraison :** mai à septembre
**Exposition :** ombre légère ou soleil
**Type :** annuelle grimpante

### Un succès d'Outre-Manche

*Les pois de senteur viennent d'Italie et de Sicile et se sont répandus en Europe au XVIII^e siècle, mais ce sont les Britanniques qui se sont montrés rapidement les plus grands spécialistes en la matière. Henry Eckford, jardinier de Sandywell, commença à la fin des années 1870 à croiser les quelques variétés qui étaient alors connues et obtint entre autres des fleurs beaucoup plus grosses. Ces nouveaux pois plurent beaucoup aux Américains qui en firent d'importantes cultures à la fin du XIX^e siècle. Ils en fournirent jusqu'à 30 millions de paquets de graines.*
*Une autre grande étape de l'histoire du pois de senteur fut la création de la race des Spencer : ce nom fut donné à des pois caractérisés par leurs pétales chiffonnés, dont l'obtenteur, Silas Cole, était jardinier de la famille aristocratique des Spencer, en leur château d'Althorp.*

# Les classiques

# *La lavande*

# Les senteurs du Midi

**Nom latin :** *Lavandula sp.*
**Famille :** Lamiacées
**Hauteur :** 50 cm à 1 m
**Floraison :** été
**Exposition :** plein soleil
**Type :** arbuste

Voici une plante si connue que même les non-initiés savent identifier sa touffe arrondie aux longs épis bleutés et son parfum poudré. Le moindre souffle de vent entraîne celui-ci si loin, qu'un champ de lavande se repère à l'odorat bien avant que l'on ne l'ait vu.

La lavande vraie, *Lavandula angustifolia* ou *Lavandula vera*, est une vivace dont le feuillage persistant gris argenté garnit les branches ligneuses, toutes dressées, qui se couvrent en été d'épis de fleurs allongés, dans une nuance de bleu si caractéristique qu'il a donné son nom à cette teinte.

La lavande aspic, *Lavandula latifolia*, est un peu plus petite, avec des feuilles blanchâtres et des épis violets. Ceux de la lavande papillon, *Lavandula stoechas*, ont une forme tout à fait originale, avec leurs pétales dressés comme les ailes de cet insecte.

## Une place dans chaque jardin

La lavande est certes originaire des régions chaudes du Midi, mais elle peut trouver sa place dans tous les jardins, bien exposée au plein soleil.

C'est une plante rustique qui supporte les gelées, ne craint pas l'air iodé des jardins de bord de mer et garde un bel aspect toute l'année.

Plantez vos pieds de lavande dans une terre légère, pas trop riche et bien drainée, même rocailleuse, en automne ou en mars. Dans ce dernier cas, n'oubliez pas d'arroser ces jeunes plantations pendant l'été. Une fois bien installées, elles ne demanderont plus d'apport d'eau supplémentaire.

L'entretien est des plus simples : coupez les épis fanés au fur et à mesure pour prolonger la floraison et taillez au printemps les parties tendres de l'arbuste pour lui redonner une belle forme arrondie.

La seule autre contrainte est d'empêcher vos pieds de lavande de prendre trop d'envergure, au détriment des plantes voisines.

## Une haie pleine de senteurs

Un seul pied de lavande dans un massif, bien situé en fonction du soleil et du vent dominant suffira à embaumer votre jardin, mais vous pouvez aussi vous amuser à installer un assortiment de variétés aux nuances de bleus et aux parfums complémentaires : certaines lavandes sentent le citron, le camphre, la térébenthine ou encore le romarin !

**Une plante de santé**

*Le nom de cette plante vient du verbe latin* lavare, *« laver ». Il exprime ainsi des qualités qui lui sont reconnues depuis l'Antiquité : les Grecs et les Romains utilisaient l'essence de lavande pour la toilette et les soins du corps, comme parfum et cosmétique, mais aussi comme insecticide et comme remède, pour soigner leurs blessures. Ce seraient d'ailleurs les légionnaires romains qui, en investissant l'Europe, auraient largement répandu son usage.*
*Au cours des siècles suivants, médecins et savants ont continué à décrire les nombreux mérites de la lavande et l'ont parée notamment de vertus médicinales : remède des maux de tête, des insomnies, des refroidissements ou encore des rhumatismes.*
*Aujourd'hui, la lavande est toujours l'une des plantes les plus utilisées en parfumerie.*

Les lavandes dessinent aussi de jolies bordures ou de superbes haies basses qui doubleront avec beaucoup d'agrément une rangée traditionnelle de conifères.
C'est aussi un bon choix pour garnir une grosse potée, sans oublier, si vous la déposez à proximité d'une porte ou d'un passage, que les épis de lavande attirent les papillons mais aussi d'autres insectes butineurs de moins plaisante compagnie.

# Amande vanillée

**Nom latin :**
*Clematis armandii*
**Famille :**
Renonculacées
**Hauteur :** 5 à 7 m
**Floraison :**
mars – avril
**Exposition :** soleil
**Type :** grimpante

Parmi les grandes familles de clématites, ces lianes qui s'accrochent d'elles-mêmes sur leur support et qui se parent de fleurs nombreuses et souvent somptueusement colorées, les clématites *armandii*, ont l'agrément supplémentaire d'avoir un feuillage persistant, donc décoratif toute l'année, et surtout d'être odorantes.
Les feuilles épaisses à trois folioles sont d'abord pourpres, avant de prendre une belle couleur vert foncé brillant. Les fleurs dégagent un fort parfum de fleur d'oranger et de vanille, avec une pointe d'amande, encore accentué lorsque la température augmente.
De taille moyenne, elles sont tout simplement blanc crème, formées de quatre, cinq ou six sépales épais et arrondis, et apparaissent en mars ou avril sur les pousses de l'année précédente, composant des petits bouquets foisonnants.

### Une grande famille

*Le nom de cette espèce est tout simplement un hommage au père Armand David, botaniste chevronné qui découvrit cette clématite en 1900, en Chine. Il y a dans la famille bien d'autres clématites odorantes : la clématite* aromatica, *comme son nom l'indique, à fleurs bleu violacé ; la clématite des montagnes, qui exhale un discret parfum de vanille s'intensifiant durant les soirées encore chaudes ; la clématite* rhederiana, *qui porte des petites clochettes jaune primevère, dégageant une odeur sucrée. En revanche, les hybrides, remarquables par ailleurs par la splendeur ou l'originalité de leurs grandes fleurs colorées, ne se parent, malheureusement, d'aucune senteur.*

La variété 'Apple Blossom' est encore plus spectaculaire avec ses petits boutons roses qui blanchissent en s'épanouissant et dessinent une jolie coupe parfumée. Les fleurs de 'Snowdrift' sont plus grandes, et leurs sépales, d'un blanc pur, plus pointus.

### Une frileuse à protéger

Achetez vos plantes en conteneur le plus grand possible pour qu'elles aient déjà eu le temps de prendre de la force, et n'oubliez pas que l'automne est toujours la meilleure période de plantation.
Cette clématite est à peu près rustique une fois bien installée, mais durant les premiers hivers il vaudra mieux protéger ses jeunes tiges.
Au sud de la Loire, choisissez donc un emplacement protégé, à l'abri des vents froids : contre un mur bien exposé ou dans une serre froide, « la tête au soleil et le pied à l'ombre ».
N'oubliez pas d'arroser par temps sec, surtout les premières années.
Une taille importante juste après la floraison provoque le départ de nouvelles petites pousses, évitant ainsi que les feuilles du bas se dessèchent et que les branches se dégarnissent.

### Un mur plein de senteurs

Utilisez des clématites pour garnir une pergola, un treillage, une tonnelle ou un mur, associées à des rosiers grimpants : le blanc crème de ces fleurs laissera la place à des roses opulentes et parfumées pour assurer la continuité de votre décor et enchanter vos narines.
C'est aussi un joli fond pour un massif de vivaces, hostas ou géraniums.
Les clématites peuvent également être plantées en bac, pourvu que vous leur assuriez à proximité le moyen d'accrocher leurs vrilles.
En coupant des fleurs peu avant leur ouverture, et en retirant rapidement les feuilles, vous pourrez les conserver quelques jours dans la maison.

# Une odeur de jasmin

**Nom latin :** Narcissus triandrus
**Famille :** Amaryllidacées
**Hauteur :** 35 à 45 cm
**Floraison :** avril – mai
**Exposition :** soleil ou mi-ombre
**Type :** bulbeuse

'Thalia' a un côté un peu sauvage avec ses fleurs toutes blanches aux segments très longs et bien séparés, en forme de losanges, un peu recourbés vers l'arrière. Ils entourent une couronne largement ouverte et très régulière, en forme de bol, dont la profondeur représente à peu près les deux tiers des segments.
C'est un narcisse assez tardif : en avril ou même en mai, chaque tige porte deux ou trois fleurs, parfois plus, qui sont entourées par de nombreuses feuilles vert bleuté, très fines, et aussi longues qu'elle.
'Thalia' fait partie de la famille des *Narcissus triandrus* et est l'un des plus odorants, avec son parfum frais et musqué évoquant des senteurs de jasmin.
Cette très ancienne variété a été obtenue en 1916 par le Hollandais Van Waveren.
C'est aujourd'hui l'un des narcisses les plus populaires et les plus faciles à trouver.

### Un coin sec en sous-bois

Les *Narcissus triandrus*, que l'on appelait autrefois les triandres, se caractérisent par la forme de leurs fleurs, qui se penchent, réunies par deux, trois et parfois six, au bout d'une tige grêle, entourée de longues feuilles. Ce qualificatif de *triandrus* se rapporte à leur nombre réduit d'étamines, trois au lieu de six. Au jardin, ces narcisses demandent un peu plus de sécheresse que les autres, et il faut veiller plus que jamais, au moment de la plantation des bulbes à l'automne, à choisir un sol bien drainé, qui ne retienne pas d'excès d'eau.
De végétation de taille moyenne, 'Thalia' se plaît bien en rocaille, mais vous pouvez aussi le retenir pour vos plates-bandes ou vos massifs. Dans une pelouse, réservez aux narcisses un coin que vous ne tondrez pas pendant plusieurs semaines, le temps que le feuillage à son tour se dessèche après le flétrissement des fleurs.

### Des couleurs qui tranchent

Pour rehausser au jardin le blanc crème de 'Thalia', jouez les contrastes dans les associations : mélangez-les par exemple à des giroflées ravenelles de couleurs vives ou encore à des primevères rouges ; l'effet est garanti !
Les *Narcissus triandrus* s'adaptent très bien à la culture en pot : choisissez-leur des récipients de grande taille, bien drainés.

**Les Narcisse de l'Histoire**

*Outre le jeune Grec d'une superbe beauté qui devint amoureux de son image et se noya en se penchant sur son reflet, Narcisse fut aussi le nom d'un affranchi, secrétaire et favori puissant de la cour de l'empereur romain Claude. Avide et prodigue, il ramassait l'or d'une main et le jetait de l'autre. Pour parfaire ce portrait, il était fourbe et cupide. Amant de l'impératrice Messaline, il la fit assassiner par son mari. Lorsque sa remplaçante Agrippine empoisonna Claude, il craignit les derniers supplices et se donna lui-même la mort après avoir brûlé tous ses papiers compromettants.*
*Mais il y eut aussi un saint Narcisse, qui fut évêque de Jérusalem au IIe siècle, et qui vécut, paraît-il, 116 ans. On le fête le 29 octobre.*

'Thalia' sera remarquable en grandes touffes uniformes ou parsemé de pensées bleues ou jaune d'or.
Pensez aussi à un accompagnement de lierre pour étoffer ces fleurs assez grêles.

# Un chiffon parfumé

**Nom latin :**
*Narcissus sp.*
**Famille :**
Amaryllidacées
**Hauteur :** 40 à 50 cm
**Floraison :** mars
**Exposition :** soleil ou mi-ombre
**Type :** bulbeuse

Les grandes fleurs du narcisse 'Bridal Crown' ont un aspect original, tout chiffonné.
Ce sont des fleurs doubles, au périanthe classique avec ses six segments, mais dont la couronne est remplacée par de nombreuses pièces, comme de petits pétales qui s'amenuiseraient vers le centre. Le blanc crème de ces fleurs est réchauffé en leur milieu d'une tache jaune orangé.
Dès le mois de mars, chaque longue tige rigide d'environ 40 centimètres, qui a émergé au milieu de sa collerette de feuilles, porte plusieurs de ces fleurs.
Parmi les nombreuses variétés de narcisses de jardin, 'Bridal Crown' fait partie des plus parfumées : un véritable plaisir des sens pour accompagner les premiers signes du retour du printemps.

### Effet de masse et solitude

Comme la plupart des narcisses, 'Bridal Crown' se plaît partout, au soleil ou à mi-ombre, cette dernière situation ayant le mérite de préserver plus longtemps l'éclat de sa floraison.
Plantez les bulbes à l'automne, de telle façon que leur base se trouve à une profondeur égale à deux fois leur hauteur. Un sol léger mais assez fertile, bien drainé et qui reste frais, vous assurera le meilleur succès. Et la plantation d'une grande quantité de bulbes, assez serrés, garantira la splendeur de votre futur décor.
Très florifère, ce narcisse permet de composer de superbes bouquets, mais il ne faut pas l'associer dans un même vase à d'autres fleurs (notamment des tulipes) qu'il ferait flétrir avant l'heure. L'effet néfaste de cette compagnie peut cependant être atténué en trempant l'extrémité des tiges de narcisse pendant quelques minutes dans de l'eau chaude.

### Des mélanges qui tranchent

Les jolies fleurs doubles et bicolores de 'Bridal Crown' – variété obtenue en 1953 par J. Schoorl – sont aussi parfaites en bordure, précédées par une large rangée de muscaris bleus. Vous pouvez également les mélanger à des tulipes précoces, dont l'orangé s'accordera avec la tache de couleur qui orne leurs corolles : 'Général de Wet', orange cuivré et parfumée elle aussi ; 'Guillaume d'Orange', 'Viking' ou encore 'Prince d'Autriche',

d'un orangé écarlate. L'association avec des vivaces à floraison printanière – primevères, Viola ou même hellébores –, est toujours très harmonieuse.

**Narcisse dans son miroir**

*Qui ne connaît la légende de Narcisse, ce jeune Grec d'une grande beauté, qui tomba amoureux de sa propre image en se penchant sur les eaux d'une source... une contemplation qui lui coûta la vie et lui valut d'être métamorphosé en fleur.*
*Ce sont effectivement des écrits grecs datant de 300 avant Jésus-Christ qui font mention pour la première fois des narcisses.*
*Ce nom de narcisse vient du mot grec* narkissos, *adaptation de* narkao *(assoupir), dont on a tiré le mot narcotique en français : le bulbe, en effet, contient de la narcissine, une substance alcaloïde qui endort. Sa culture ne débuta en Europe qu'au début du XVI^e^ siècle, mais ce n'est que 350 ans plus tard que des horticulteurs commencèrent à hybrider les espèces qu'ils possédaient afin de créer de nouvelles variétés. Aujourd'hui, la Royal Horticultural Society de Londres, qui est chargée depuis 1955 de l'enregistrement des nouveaux cultivars, a recensé plus de 8 000 narcisses différents.*

# *La jacinthe 'Delft Blue'*

## Agréables senteurs

**Nom latin :** *Hyacinthus orientalis*
**Famille :** Liliacées
**Hauteur :** 20 à 30 cm
**Floraison :** mars
**Exposition :** soleil ou mi-ombre
**Type :** bulbeuse

C'est d'un joli bleu soutenu, caractéristique de la faïence de la ville hollandaise du même nom, que sont les fleurons de la jacinthe 'Delft Blue' ou 'Bleu de Delft' : les toutes petites fleurs de 2 centimètres de largeur lorsqu'elles sont pleinement ouvertes se succèdent sur la tige florale et se chevauchent pour former la fleur de jacinthe proprement dite. Le bas de la tige est habillé de quelques feuilles qui se dressent avec rigidité comme une collerette. 'Delft Blue' est l'une des variétés les plus hâtives à s'épanouir, embaumant les jardins et les potées dès le mois de mars.

### Un sol léger, une ombre relative

Les jacinthes sont des fleurs peu délicates qui sont faciles à réussir, même pour les amateurs les plus novices. À l'automne, entre septembre et mi-décembre, un jour de beau temps, plantez ces gros bulbes rougeâtres à une profondeur double de leur hauteur, en laissant un espacement entre chacun de 10 à 20 centimètres selon l'effet recherché et la place à investir. Si le sol est lourd, réduisez la profondeur de plantation de quelques centimètres pour que la pousse n'ait pas de mal à se frayer son chemin jusqu'à la lumière.

La floraison sera un peu plus tardive mais plus longue si vous réservez à vos jacinthes 'Delft Blue' un emplacement à mi-ombre.
Si vous laissez les bulbes en terre, ils fleuriront plusieurs années de suite mais avec de moins en moins d'ampleur car ils s'épuisent rapidement : les fleurs deviennent plus petites et les fleurons plus lâches, redonnant peu à peu à ces jacinthes horticoles un aspect plus sauvage, qui n'est pas pour déplaire à certains jardiniers.

### Symphonie de couleurs

Si vous aimez les mélanges de couleurs, associez en bordure de massif, dans une rocaille ou une potée, plusieurs variétés de jacinthes fleurissant à la même période : pourquoi ne pas réunir le bleu faïence ombré de violet de 'Delft Blue' au rouge carmin de 'Jan Bos', au rose clair d''Anne Marie' ou au blanc pur de 'Carnegie'.
En pleine terre, vous pouvez vous contenter de bulbes d'un calibre inférieur, 16/17 ou 17/18, mais préférez du 18/19 ou même du 19 + pour une culture en pot, et installez chacune des variétés en nombre impair.

**Vases à jacinthes**

*Les jacinthes sont les fleurs bulbeuses les plus faciles à faire fleurir dans la maison, où elles resteront épanouies pendant plusieurs semaines en dégageant leur puissant parfum.*
*Vous pouvez les mettre en terre en potées, mais aussi les cultiver simplement sur de l'eau, dans des récipients spécialement conçus à cet effet : ces vases à jacinthes forment à la partie supérieure une coupe qui va recueillir le bulbe, au-dessous de laquelle le pied, assez large pour assurer une bonne stabilité, reçoit la réserve d'eau.*
*Choisissez les bulbes les plus gros possibles et faites affleurer l'eau juste à leur base, en maintenant régulièrement ce même niveau.*
*Placez-les d'abord dans un local obscur et frais, à 10 ou 12 °C, jusqu'à ce que des petites pousses apparaissent, puis en pleine lumière, à 16 ou 20 °C. Vos jacinthes seront en pleine fleur un mois plus tard, et le resteront d'autant plus longtemps que la température sera modérée.*
*Préparez de cette façon des variétés aux couleurs assorties, dans des vases identiques, placés côte à côte ou à des niveaux différents.*

# Tendre et parfumée

**Nom latin :**
*Hyacinthus orientalis*
**Famille :** Liliacées
**Hauteur :** 20 à 30 cm
**Floraison :** mars
**Exposition :** soleil ou mi-ombre
**Type :** bulbeuse

Les fleurs de la jacinthe 'Anne Marie' sont d'un rose pâle très tendre, et se dressent en larges grappes serrées au bout d'une tige qui émerge au milieu de feuilles lancéolées.

Très précoces, elles sont parmi les premières des quelque 100 variétés de jacinthes actuellement cultivées, à épanouir leurs fleurons dès le mois de mars. Le rose de ces fleurons est pratiquement de deux nuances, avec un cœur et des lignes médianes légèrement plus foncés que les bords, ce qui est une caractéristique courante des jacinthes à fleurs roses.

'Anne Marie' dégage un parfum capiteux et très présent, qui embaume son entourage, que ce soit au jardin ou, de façon encore plus prononcée, dans la maison ou sur un rebord de fenêtre.

## Des taches délicates

Entre septembre et novembre, plantez les bulbes de jacinthes dans un sol drainé et fertile, à une profondeur de 10 à 15 centimètres, au soleil ou à une ombre légère. Pour le jardin, il n'est pas nécessaire de choisir de gros bulbes : il est préférable d'en planter davantage, de moindre calibre, et donc de moindre prix, en les espaçant les uns des autres d'environ 10 centimètres pour créer un bel effet d'ensemble.

Installez-les dans une bordure ou une plate-bande pour composer un massif, en réservant une seule tache de couleur. Mais vous pouvez aussi associer ce rose délicat à d'autres variétés d'une nuance plus soutenue, comme 'Pink Pearl', également très parfumée.

## Une potée rose et bleue

L'association des jacinthes avec d'autres fleurs bulbeuses n'est jamais décevante : joignez à 'Anne Marie' des narcisses blancs ou bicolores, ou des tulipes de même nuance et très précoces, comme 'Apricot Beauty' ou 'Christmas Dream' : vous composerez ainsi des taches délicates qui trancheront sur le vert du gazon.

Ou bien faites ressortir la délicatesse du rose d''Anne Marie' en lui associant le bleu profond des muscaris. Ses fleurs feront aussi bon ménage avec des myosotis ou des primevères.

C'est également une excellente variété pour une culture en potée ou en jardinière.

**En fleur toute l'année**

*'Anne Marie' est une excellente variété de jacinthe pour le forçage. Ce terme désigne une culture hâtée, sous abri, qui permet de provoquer une floraison à une autre période que celle qui se ferait naturellement à l'extérieur.*
*Le forçage des bulbes à fleurs en serre est une activité importante pour les horticulteurs spécialisés, qui leur permet de proposer des potées fleuries hors saison, pendant tout l'hiver.*
*Elle est particulièrement développée en Hollande : on y trouve chaque jour, au grand marché aux enchères d'Aalsmeer, des milliers de fleurs, et notamment de jacinthes destinées au monde entier.*
*Pour être ainsi forcés, de façon précoce, les bulbes doivent avoir préalablement subi un traitement thermique de préparation : ils sont arrachés plus tôt et placés à une température entre 5 et 10 °C, pour accélérer leur période de dormance.*

Choisissez alors les bulbes de plus gros calibre, et, s'ils sont en petite quantité, mettez-les en nombre impair. Là aussi, un mariage avec des muscaris qui fleurissent tôt et longtemps sera du plus bel effet. Évitez trop de soleil ou trop de pluie pour prolonger ce décor suavement parfumé.

# Une neige capiteuse

**Nom latin :**
*Hyacinthus orientalis*
**Famille :** Liliacées
**Hauteur :** 20 à 30 cm
**Floraison :** fin mars
**Exposition :** soleil ou mi-ombre
**Type :** bulbeuse

Les énormes fleurons des jacinthes 'Carnegie', épais et denses, sont si nombreux et si serrés sur leurs hampes florales qu'ils forment de très grosses fleurs allongées, d'un blanc pur et lumineux. Leur parfum, capiteux et puissant, est perceptible à plusieurs mètres, même lorsque les conditions climatiques ne sont pas les plus propices aux fleurs odorantes.
Ces tiges, alourdies par le poids de leurs fleurs, émergent au milieu d'une collerette de larges feuilles qui montent assez haut et mêlent leur vert à tant de blancheur.
Si vous n'en avez qu'une petite quantité en pleine terre ou dans une jardinière, un tuteur très discret leur permettra de se maintenir bien droites.

## Un sous-bois illuminé

'Carnegie' est si lumineuse que vous pouvez planter un petit massif de quelques bulbes dans un coin relativement ombragé pour l'éclairer dès fin mars-début avril.
Les jacinthes peuvent aussi être installées en plein soleil : elles fleuriront alors un peu plus tôt, leurs tiges resteront moins hautes, et la période de pleine floraison sera aussi probablement réduite.

Pour une plantation au jardin, dans une plate-bande, un massif ou une rocaille, vous pouvez choisir des bulbes de moindre calibre, mais n'hésitez pas à prendre les plus gros que vous puissiez trouver, 18/19 et même 19 +, pour une potée. Dans ce cas, laissez-les affleurer ou enfoncez-les aux deux tiers, dans un mélange de terre de jardin, sable et terreau.

## Un banc plein de senteurs

Voici une idée de décoration que vous pourrez, bien entendu, adapter également à d'autres espèces et variétés : préparez à l'automne trois belles poteries, de forme et de décor identiques, mais de tailles diverses, en garnissant la plus petite de quelques *Muscari armeniacum*, la moyenne de cinq ou sept jacinthes blanches 'Carnegie', la dernière de tulipes orange devant fleurir à la même époque, par exemple 'Princesse Irène'.
Placez les deux plus petites poteries d'un côté d'un banc au soleil sur la terrasse, la troisième de l'autre côté. Quel plaisir (pour les yeux et les narines) vous aurez ainsi aux premiers beaux jours du printemps à venir vous asseoir sur ce banc ! Un plaisir qui se prolongera d'ailleurs plusieurs semaines.

**Une tradition, le corso fleuri**

*Chaque année en Hollande, au mois d'avril, dans les grandes plaines qui s'étendent à l'ouest du pays, les champs de culture des bulbeuses sont un enchantement, alignant en grandes bandes de couleurs leurs différentes familles. Lorsqu'elles commencent à défleurir, ces fleurs sont coupées pour laisser les bulbes grossir en terre et former leurs réserves. Mais elles ne sont pas toujours jetées : plus de 1 million vont être piquées sur de grandes structures moulées, montées sur des chars conçus et fabriqués dès novembre. Représentant des animaux, des personnages de contes, des évocations d'événements divers, colorées du mauve, du rose ou du blanc des fleurons de jacinthes, du jaune ou du blanc des narcisses, du rouge ou de l'orange des tulipes, préparées minutieusement par les habitants pendant trois jours et trois nuits, elles vont défiler de ville en ville à la fin du mois d'avril et donner lieu à de grandes réjouissances à l'occasion de la fête nationale des Pays-Bas, qui est aussi le jour anniversaire de la reine.*

# Du soleil en plein l'hiver

**Nom latin :** *Acacia sp.*
**Famille :** Fabacées
**Hauteur :** 4 à 5 m
**Floraison :** fin d'hiver
**Exposition :** soleil
**Type :** arbre ou arbuste

Comment consacrer un livre aux parfums de jardin sans parler des mimosas, tellement connus et si chargés de symboles ?
Ces arbres ou arbustes, selon leur mode de culture, fleurissent tous en portant des grappes de petits pompons ronds, toujours jaunes et parfumés, mais leur période de floraison et l'aspect des fleurs et des épis varient d'une espèce à l'autre.
Leurs nombreuses étamines leur donnent un aspect tout duveteux et leur odeur est délicieuse et subtile, poudrée et délicate ; des senteurs de vanille estiment certains nez.
Les feuilles, persistantes, sont parfois pleines, mais le plus souvent finement découpées comme certaines fougères, très légères, composées de nombreuses petites folioles vert bleuté.
L'écorce de l'arbre, elle aussi, est décorative, gris bleuté et lisse.
Les « mimosistes » ont sélectionné une grande quantité de cultivars. Ceux de l'*Acacia dealbata*, ou mimosa des fleuristes, sont les plus connus : 'Mirandole', 'Gaulois', 'Mireille', entre autres, avec leurs gros glomérules qui s'épanouissent en fin d'hiver.
Le mimosa des quatre saisons, *Acacia retinoides*, dont les feuilles ressemblent plutôt à celles du saule, fleurit de juillet à décembre.

### Un symbole des climats doux

Les mimosas s'accommodent de sols secs, caillouteux et pauvres, bien drainés, plutôt acides, à moins d'être greffés sur la variété mimosa des quatre saisons qui supporte le calcaire.
Ils préfèrent le plein soleil, mais supportent des températures au-dessous de 0 °C, et il n'est pas exceptionnel d'en découvrir de superbes exemplaires hors des régions privilégiées de la Méditerranée et de l'Ouest, bien à l'abri.
À réserver cependant d'une façon générale aux climats doux, maritimes ou semi-maritimes.
Leur croissance est rapide, et si vos mimosas ont été endommagés par des gelées, ils repousseront sans délai.
Leur système radiculaire est important et retient bien les sols sur les pentes abruptes.

### Une plante d'orangerie

Installez vos mimosas pour qu'ils soient bien visibles de la maison et que vous puissiez profiter de leur floraison éclatante. Placez-les éventuellement à l'abri de grands arbres qui

**Un rythme à l'envers**

*Originaire d'Australie, le mimosa fut importé dans le sud-est de la France aux alentours de 1850 par les Anglais, pour décorer les somptueuses résidences qu'ils occupaient pendant l'hiver sur la Riviera. Leurs jardiniers s'efforcèrent de conserver au mimosa le rythme de floraison de l'hémisphère austral, afin qu'il continue à embaumer leurs jardins d'octobre à mars. Amoureux de ces fleurs, les Britanniques furent aussi à l'origine du développement de sa culture à grande échelle au début du XX^e^ siècle et d'un commerce qui a prospéré jusqu'à la Seconde Guerre Mondiale. C'est par wagons entiers et par dizaines de tonnes que le mimosa traversait le* Channel *tous les jours... Les gels et les incendies des années 1985 et 1986 ont détruit en Provence la totalité des plantations, mais elles ont depuis repris leur place.*

les protégeront du vent sans les étouffer. Les mimosas peuvent aussi être cultivés en bac : c'est une bonne solution, d'ailleurs, pour pouvoir les rentrer pendant les mois les plus froids, comme des plantes d'orangerie. Mais sachez qu'ils n'aiment pas être à l'étroit et demandent des contenants de grande taille.

# Le muguet

## Suave et sucré

**Nom latin :**
*Convallaria majalis*
**Famille :** Liliacées
**Hauteur :** 20 à 30 cm
**Floraison :** mai
**Exposition :** ombre ou mi-ombre
**Type :** vivace/bulbeuse

Voici un parfum que même les plus néophytes reconnaissent spontanément.
Suave et sucré, il est d'ailleurs devenu une référence permettant de définir les senteurs exhalées par d'autres fleurs.
Au printemps, les tiges bien droites du muguet, protégées par un cornet de feuilles lancéolées, égrènent des grappes d'une dizaine de minuscules clochettes joufflues au bord dentelé, délicatement retourné. Elles sont de taille plus ou moins grande selon les variétés, généralement d'un blanc étincelant, parfois roses, comme celles de la variété 'Rosea', particulièrement parfumées.
Lorsque les fleurs se sont fanées, le feuillage persiste encore jusqu'en juillet, puis disparaît jusqu'au printemps suivant.
La plante demeure sous terre comme une vivace grâce à ses rhizomes qui continuent leur croissance et assurent sa multiplication.

### Une ombre parfumée

Plantez au début du printemps des potées en végétation. Ou enterrez à l'automne des petites griffes de muguet, à deux ou trois centimètres de profondeur et espacées d'une dizaine de centimètres. Appelées ainsi en raison de leur forme très particulière, ces « griffes » sont les rhizomes de la plante. Ils lui évitent de subir les grands froids.
Prévoyez un emplacement dans un sol frais, à l'ombre ou à mi-ombre, le long d'un mur exposé à l'est, à l'abri d'un arbre ou d'arbustes à feuilles caduques, ou encore dans une rocaille.
Se multipliant de lui-même, votre muguet formera dans quelques années un tapis qui vous enchantera en avril et en mai de ses senteurs délicates.
D'ailleurs vous vous verrez peut-être dans l'obligation de limiter son développement pour ne pas le laisser envahir les plantes voisines : divisez pour cela les touffes à l'automne, tous les trois ou quatre ans, en les retirant délicatement du sol à l'aide d'une bêche.

### Une blancheur à égayer

Vous pouvez associer votre muguet à d'autres plantes d'ombre, des fougères ou des hostas par exemple, qui redéploieront leurs feuilles à la même époque. Ou bien l'égayer de petites vivaces colorées, pervenches ou violettes.

**Le retour du bonheur**

*En latin* Convallaria, *comme en anglais* lily of the valley, *cette petite fleur porte le nom romantique de lis de la vallée. Quant à son nom français de muguet, c'est une déformation médiévale de la muguette, synonyme de « muscade », ou de « mugue », ancien mot issu de « musc » : ces petites fleurs auraient été ainsi appelées du fait de l'analogie de leur parfum avec celui de la muscade... ou du musc. C'est aussi pour une question de parfum – utilisaient-ils de préférence des essences issues de ces fleurs ? – que les jeunes élégants des XVI*e *et XVII*e *siècles étaient surnommés « muguets » ! Depuis longtemps, la tradition populaire associe au retour de ces grappes de clochettes parfumées « la fin des peines de l'hiver et le retour du bonheur ». Si vous voulez respecter la tradition, et avoir au 1*er *mai du muguet fleuri à offrir en porte-bonheur, déterrez quelques pieds en mars et mettez-les dans des pots que vous garderez à une température constante d'une vingtaine de degrés. Mais attention au revers de la médaille : loin d'être innocent, le muguet est une plante vénéneuse qui rentra jadis dans bien des recettes de poisons...*

Ou encore de jacinthes des bois. Il est aussi possible de cultiver votre muguet en pot et de profiter ainsi « à portée de main » de ses effluves. Dans ce cas, il aura besoin d'une terre enrichie, d'un bon drainage et d'arrosages fréquents.

# [ L'eau à la bouche... ]

**Nom latin :** *Rosa* delviola (obtention Delbard, 1996)
**Famille :** Rosacées
**Hauteur :** 80 à 90 cm
**Floraison :** avril – octobre
**Exposition :** soleil
**Type :** buisson à grandes fleurs

Un coloris, qui oscille entre le rose et le violet, comme de la confiture de myrtilles bien mûres, pour cette fleur au parfum riche et gourmand : une dominante fruitée évoque la mandarine et la citronnelle tandis que la note florale, perceptible ensuite, rappelle la jacinthe et le lilas, avant que ne reviennent des effluves de fruit de la Passion et de mangue.

Les fleurs de cette 'Chartreuse de Parme' sont de taille moyenne et très joliment dessinées : leurs pétales moirés, nombreux et très serrés, légèrement chiffonnés, s'ouvrent en s'évasant doucement.

Le feuillage est étonnant, d'un vert sombre et mat, dont les nuances bleutées s'harmonisent avec le ton des fleurs.

## Un entretien régulier

'Chartreuse de Parme' est un rosier au port semi-érigé qui exige, pour donner le meilleur de lui-même et se montrer dans toute sa splendeur, quelques attentions : un apport régulier de compost en mars ou avril et d'engrais pour rosiers en mai et juillet, un arrosage bien équilibré pendant tout l'été, une taille assez courte, un bon paillage.

Sa résistance aux maladies est moyenne et demande une surveillance attentive : beaucoup de facteurs entrent en jeu, l'emplacement, les conditions météorologiques, etc. Un rosier peut être malade une année et pas l'autre. En cas de sensibilité constatée, un traitement d'hiver permettra de le nettoyer de tous les parasites hivernants. Coupez au fur et à mesure ses fleurs fanées qui ne tombent pas d'elles-mêmes ; en échange, il vous gratifiera de plusieurs refloraisons tout au long de la saison.

## Une tache de couleur

Installez 'Chartreuse de Parme' en massif ou en bordure : réunir trois pieds est un minimum pour créer une tache de couleur, mais si ce rosier vous séduit et si vous avez un grand jardin, c'est par trente ou quarante que vous le mettrez en place.

Votre massif peut très bien associer plusieurs variétés ayant le même style de fleurs : 'Souvenir de Marcel Proust', de la même famille, avec ses fleurs jaunes, également pleines et parfumées, s'unit à merveille au chaud coloris de 'Chartreuse de Parme'. Mais le côté gourmand qu'évoquent les fleurs de celui-ci peut très bien vous inciter à le marier avec des petits fruits : cassis ou groseilliers...

**Un charme capricieux**

*De nombreuses récompenses ont salué le parfum de cette rose : à Bagatelle, Madrid, Genève et Baden-Baden, pour la seule année 1996. À Bagatelle d'ailleurs, 'Chartreuse de Parme' a prouvé combien le parfum d'une rose était une expression vivante qui pouvait se modifier au fil de la journée : à 9 heures du matin, ce jour-là, ses fleurs n'exhalaient aucun parfum, au grand désespoir de son obtenteur. Une heure après, elles s'étaient « réveillées » et séduisaient suffisamment le jury pour remporter le prix. Comme 'Souvenir de Marcel Proust', aux fleurs jaunes, c'est un rosier de la famille « Souvenirs d'Amour », le nom choisi par la famille Delbard pour ses roses au charme d'antan retrouvé.*

# Une fragrance de reine

**Nom latin :** *Rosa* (obtention Lammerts, 1952)
**Famille :** Rosacées
**Hauteur :** 60 à 90 cm
**Floraison :** avril – octobre
**Exposition :** soleil
**Type :** buisson à grandes fleurs ou grimpant

Un parfum intense et délicieux, caractéristique des roses rouges, se dégage de ces grandes fleurs majestueuses, s'exprimant tout particulièrement en plein soleil.
Ce sont de belles roses parfaitement constituées, doubles, imbriquant dans une forme très classique quarante à cinquante pétales, dont le rouge cramoisi, profond et velouté, évolue vers le violet au fur et à mesure qu'elles se fanent. Les pétales alors tombent tout seuls, sans laisser de vilaines boules gorgées d'eau ou toutes desséchées en haut des tiges.
Les fleurs sont parfois si lourdes que les pédoncules, un peu faibles, ploient sous leur poids et les cachent dans un feuillage large et satiné.

## Buisson trapu ou grimpant

Sous sa forme buissonnante, 'Chrysler Imperial' est de végétation moyenne et reste trapu. C'est un beau rosier, dont la floraison se prolonge pendant plusieurs mois, mais

## Un grand classique des jardins

*Ce grand rosier aux fleurs rouges a connu son heure de gloire au milieu du XX^e^ siècle, et les rosiéristes d'aujourd'hui sont encore très nombreux à cultiver et à proposer ce grand classique dans leur catalogue. Ce rouge profond ne se rencontre pas dans les espèces sauvages de rosiers. C'est leurs hybridations successives, dues au travail des rosiéristes, qui ont conduit à la création des roses anciennes et modernes, dont les nuances de rouge sont sans doute les plus nombreuses et les plus appréciées des amateurs. Ce sont également souvent les roses rouges qui sont parfumées. Au jardin, elles attirent l'attention et marquent les perspectives. Dans le langage des fleurs, elles sont signe de la passion, et de nombreux mythes et légendes expliquent leur origine au travers de belles histoires d'amour.*

il est malheureusement fort sensible à l'oïdium et à la rouille. Pas question de le négliger pendant la période de végétation, au risque de le voir dépérir tristement ! Il vous faudra le surveiller régulièrement et, en échange du plaisir de son parfum remarquable, accepter de le traiter régulièrement pour prévenir l'apparition de ces maladies, surtout en sol lourd. N'oubliez pas quelques règles de base : pas d'arrosage sur les feuilles, binage régulier du pied, paillage, etc.
'Chrysler Imperial' existe aussi en grimpant, avec les mêmes grandes fleurs rouges parfumées, et une floraison prolongée.

## Des compagnes utiles

Comme pour tout rosier nettement sensible à l'oïdium, vous aurez intérêt à tenir 'Chrysler Imperial' relativement isolé des autres rosiers et à lui choisir un bon emplacement, bien aéré et bien drainé.
Pour le mettre en valeur, et étoffer bordure ou plate-bande, associez-le à des plantes à feuillage aromatique telles que lavandes, absinthes, camomilles, menthes ou thyms… dont l'action serait également bénéfique pour protéger les rosiers des parasites et maladies ; si ce n'est pas tout à fait vrai, l'aspect esthétique n'y perdra de toute façon pas.
Les roses de 'Chrysler Imperial' ont une bonne tenue une fois coupées et vous permettront de composer de superbes bouquets.

# [ Auréolée de myrte ]

**Nom latin :** *Rosa*
(obtenteur inconnu)
**Famille :** Rosacées
**Hauteur :**
1,40 à 1,80 m
**Floraison :**
juin – juillet
**Exposition :** soleil
**Type :** rosier arbustif

Un nom qui fait rêver… mais surtout un parfum que l'on peut qualifier de merveilleux pour ces jolies fleurs très doubles, en coupe : sucré et captivant, comme celui des myrtes. C'est une vraie rose ancienne, dont l'origine reste d'ailleurs inconnue.
Les boutons arrondis, de couleur crème, ouvrent doucement leurs cent pétales. Très courts, bouillonnés, ils sont d'un rose carné, éclairci sur les bords, plus soutenu au fur et à mesure qu'ils se rapprochent du centre de la fleur. Le cœur de ces fleurs charmantes et délicates est un véritable petit bouton brodé. Quant au feuillage abondant de cet arbuste peu épineux, sa teinte oscille entre le bleu-vert et le gris-vert.

### Des branches qui ploient sous les fleurs

'Cuisse de Nymphe' est un beau rosier compact et vigoureux, peu exigeant, facile à cultiver, qui se rencontre d'ailleurs dans beaucoup de vieux jardins.
Ses branches, qui ploient souvent sous le poids des fleurs, donnent à l'ensemble un joli mouvement en accord parfait avec le charme de cette très vieille variété.

'Cuisse de Nymphe' se moque de la qualité du sol et supporte diverses expositions, mais ce rosier ne sera jamais aussi resplendissant qu'en pleine lumière. Il n'est pas cependant pourvu de toutes les qualités : c'est une variété qui ne fleurit qu'une fois, en juin et juillet. Mais demande-t-on plus à tant d'arbustes éphémères, forsythias et autres lilas, qui ne nous enchantent que pendant deux ou trois semaines !
Autres petits défauts : l'arbuste peut se montrer sensible à une légère attaque de rouille si une période de sécheresse se prolonge. À l'inverse, si le temps est trop humide, les pétales vont probablement s'abîmer.

### Un classique des jardins

Toutes les situations conviennent à ce rosier qui reste un classique des variétés anciennes et que vous devriez trouver dans les catalogues ou chez les spécialistes sans aucune difficulté. Il est suffisamment fourni pour rester isolé, mais vous pouvez aussi regrouper trois ou cinq pieds pour composer un massif et occuper un grand espace. 'Cuisse de Nymphe' formera également une belle haie paysagée.

**Cuisse de nymphe**
**ou rougeur de jeune fille**

*Le coloris de cette fleur est vraiment un rose carné, et ce nom très évocateur rappelle qu'aux siècles précédents la mode était aux peaux très claires.*
*Ce rose est d'ailleurs plus soutenu chez sa « sœur », lui valant le nom encore plus suggestif de 'Cuisse de Nymphe Émue'. Tout un programme !*
*'Cuisse de Nymphe' est sans doute le plus connu et le plus parfumé des rosiers* Alba, *et il a été immortalisé par le peintre de l'impératrice Joséphine, Pierre-Joseph Redouté.*
*Au cours d'une carrière de plusieurs siècles, ce rosier a également porté beaucoup d'autres noms, certes moins poétiques, mais prouvant bien néanmoins le charme que les rosiéristes lui ont toujours trouvé : Incarnata, Rosier Blanc Royal, La Royale, La Séduisante, La Virginale...*
*Dans les pays anglo-saxons, cette belle rose se dénomme 'Maiden's Blush', ce qui signifie « rougeur de jeune fille ».*
*Une appellation plus prude et nettement moins provoquante qu'en français !*

Pour composer un décor un peu sauvage, complétez un fond de massif de ces grands rosiers avec des variétés plus modernes, moins hautes, dans des tons de fleurs également pastel. Et pour lier le tout, installez au premier plan des vivaces toutes simples, aux fleurs bleues ou roses. Cet ensemble, sans prétention, sera plein de charme.

# Un caractère épicé

Sans doute pas l'un des plus grands parfums, quoique ses notes épicées évoquant l'odeur des agrumes aient beaucoup de caractère. Mais une robe très originale, bicolore, contribue grandement au charme de 'Double Delight' : ces pétales blanc crème s'ourlent d'un fin liseré carmin, et rougissent au fur et à mesure de leur épanouissement. Un massif en plein soleil est un véritable enchantement, aussi bien pour la vue que pour l'odorat… Lorsque le temps est gris, les couleurs sont moins remarquables.
Les boutons en forme d'urne, déjà crème bordé de rouge, éclosent en fleurs de taille moyenne, qui imbriquent leurs trente-cinq pétales de façon régulière et fort élégante.
Revêtu d'un feuillage vert foncé et brillant, le rosier fleurit continuellement jusqu'aux gelées.

## Un bon rosier rustique

Un peu long à s'installer, 'Double Delight' devient ensuite vigoureux et se montre aussi bien rustique que relativement résistant aux maladies. Attention cependant aux attaques

## Des bouquets parfumés

*De nombreuses médailles ont récompensé 'Double Delight', qui a séduit certainement les jurys par l'originalité de ses couleurs, et qui a en plus la bonne idée d'embaumer les jardins.*
*Elle est également particulièrement intéressante à cueillir pour composer de superbes bouquets.*
*Récoltez les fleurs le matin de bonne heure ou le soir à la fraîche : dans la chaleur du jour, elles perdent une partie de leur humidité, et ne tiendraient guère longtemps en vase. Choisissez celles qui sont à demi ouvertes et qui déploieront ainsi leurs pétales sous vos yeux.*
*Plongez le plus rapidement possible les tiges entières dans un seau d'eau additionnée d'un conservateur pour fleurs coupées. Procédez très vite, car après quelques secondes la section commence déjà à cicatriser et la tige absorbe moins bien l'eau. Après quelques heures, il ne vous restera plus qu'à composer votre bouquet, en adoptant comme vase le récipient de votre choix.*

d'oïdium, dont vous aurez la bonne idée de le prémunir par un traitement préventif régulier, surtout si les conditions ambiantes – humidité et mauvaise aération – sont favorables au développement de ce champignon qui finit par fariner tout l'arbuste en le couvrant d'un vilain duvet blanchâtre.
'Double Delight' est une bonne variété pour les jardins du Midi, car il se montre insensible aux grandes chaleurs. Sans compter qu'il n'aime pas les pluies répétées qui finissent par pourrir ses boutons.

## Version buisson ou grimpant

'Double Delight' s'installera avec plaisir en massif ou en plate-bande, où vous pourrez l'associer aux fleurs blanches d'une autre variété de rosier ou d'une autre espèce.
'Double Delight' existe aussi en version grimpante : il fait partie de ces variétés sur lesquelles ont continué à travailler les obtenteurs pour parvenir à fixer une mutation qui adopte ce port, en développant de longs rameaux que l'on peut palisser. Les fleurs y sont tout aussi belles et odorantes, et lui confèrent beaucoup d'originalité, mais sous cette forme sa floraison est malheureusement plus limitée dans le temps, ne remontant presque pas à l'automne.
Ces belles roses bicolores et odorantes font merveille dans les bouquets : installez un pied dans votre espace consacré aux fleurs à couper, afin d'en disposer régulièrement sans nuire à l'ensemble de votre massif.

**Nom latin :** *Rosa* (obtention Swim & Ellis, 1977)
**Famille :** Rosacées
**Hauteur :** 80 cm à 1 m
**Floraison :** avril – septembre
**Exposition :** soleil
**Type :** buisson à grandes fleurs ou grimpant

# La rose 'Elle'

## Rose poivrée

**Nom latin :** *Rosa* meibderos (obtention Meilland, 1999)
**Famille :** Rosacées
**Hauteur :** 80 à 90 cm
**Floraison :** avril – octobre
**Exposition :** soleil
**Type :** buisson à grandes fleurs

'Elle' exhale un parfum intense, dont la note essentielle est poivrée. Le coloris rose de cette très belle fleur est soutenu d'une légère touche de jaune au bas des pétales et de reflets parme qui lui donnent une grande originalité.
Les boutons sont bien pleins, mauve clair et blanc, et s'ouvrent en fleurs doubles, aux cinquante pétales imbriqués, qui s'éclaircissent au fur et à mesure de leur maturité.
Ce caractère évolutif du coloris dépend également du climat.
Un feuillage composé de grandes folioles vert brillant met en valeur cette profusion de roses, dont les pétales, lorsqu'elles arrivent au bout de leur maturité, finissent par s'envoler, laissant des tiges nettes et propres.

### Un rosier moderne

Le rosier 'Elle' fait partie d'une nouvelle famille – proposée depuis peu aux jardiniers amateurs – de rosiers faciles à vivre, beaux à regarder et agréables à sentir, mais également de rosiers qui, bien que vigoureux, ne prennent pas trop d'ampleur. Vous pourrez ainsi les installer dans un petit jardin, sans qu'ils envahissent tout l'espace, ou même dans un grand bac sur une terrasse.
Ils témoignent d'une excellente résistance aux maladies et ne nécessitent que peu de traitement. Ne négligez pas cependant, afin qu'ils puissent s'épanouir pleinement, une bonne préparation du sol avant la plantation, une taille régulière, l'arrosage et l'apport de nourriture, ainsi qu'une protection éventuelle par grand froid.

### Un massif plein d'odeurs

'Elle' est l'un des premiers rosiers à fleurir dans les jardins, et il reste décoratif jusque tard dans la saison.
Plantez trois pieds de cet arbuste vigoureux en triangle pour un superbe petit massif odorant, adossé à la maison.
Si vous n'avez qu'une terrasse, installez 'Elle' dans un joli pot en terre cuite ou un bac carré en bois ou en métal. Choisissez-le suffisamment profond, de 40 à 50 centimètres, assurez un bon drainage avec une couche de billes d'argile, et finissez de remplir avec un mélange de terre de jardin, de terreau pour rosiers et de sable.
Une ou deux roses 'Elle' dans un bouquet lui assureront une formidable senteur.

**Une rose généreuse**

*'Elle', l'une des plus récentes obtentions d'Alain Meilland, a été médaillée pour son parfum au concours de roses de Bagatelle, en 1999.*
*Son nom n'est pas si anonyme qu'il y paraît : c'est en fait celui du magazine féminin bien connu.*
*La vente de cette rose est d'ailleurs dédiée à Alis, une association créée par Jean-Dominique Bauby en faveur des malades atteints du* Locked in Syndrom. *Ayant contracté lui-même cette maladie, l'ancien rédacteur en chef du magazine Elle dicta par battements d'œil son livre* Le Scaphandre et le Papillon, *avant de s'éteindre en 1997.*
*Une partie des ventes de ce rosier est reversée à l'association qui a pour but d'aider les malades et leur famille.*
*Cette rose a été baptisée au cours des journées des plantes de Courson, au printemps 1999.*

# Un parfum qui se joue de la pluie

**Nom latin :** *Rosa* adabaluc (obtention Adam, 1998)
**Famille :** Rosacées
**Hauteur :** 80 cm à 1 m
**Floraison :** avril – octobre
**Exposition :** soleil
**Type :** buisson à fleurs groupées

Cette variété, très récente, porte dans son nom sa remarquable qualité : un parfum voluptueux et intense, qui s'exprime même par temps de pluie et de bruine, rappelant l'odeur de certains fruits exotiques agrémentée d'une légère pointe citronnée.
De gros bouquets de vingt à trente boutons, d'une belle teinte abricot chamoisé légèrement rosé, s'épanouissent en fleurs de taille moyenne avec leurs 8 centimètres de diamètre et leurs trente-six pétales, dont le ton abricot rosé est légèrement plus clair que celui des boutons.
Le splendide feuillage vert foncé marbré de pourpre devient uni et vernissé en vieillissant.
Même en hiver, dégarni de ses feuilles, 'Martin des Senteurs' a encore belle apparence, avec son bois de bonne qualité qui reste décoratif.

### Sûr et sans soucis

'Martin des Senteurs' est un rosier érigé, pas très grand, au sommet un peu arrondi ; il fait partie de cette nouvelle génération d'arbustes qui doivent non seulement nous enchanter par leurs fleurs, mais également garder un bon

### Le Courtil des Senteurs

*Cette rose a été baptisée en l'honneur du maire d'une petite commune des Côtes d'Armor, Louis Martin, si amoureux de cette fleur qu'il lui a consacré un nouveau jardin municipal, très poétiquement dénommé « Le Courtil des Senteurs », après avoir créé l'association des Piqués de la rose. Et cette passion, il a su la communiquer à tous ses concitoyens : le jardinier qui est en charge de ses 500 variétés de roses a appris à les hybrider, et chaque petit rosier nouveau qui naît de ces croisements de hasard est offert à une nouveau-née de la commune et reçoit son nom... L'obtenteur de la rose 'Martin des Senteurs', Michel Adam, est installé lui aussi en Bretagne. Il s'est attaché dans son travail de sélection à combiner la beauté et la rusticité des arbustes au parfum des fleurs. Cette variété a d'ailleurs reçu deux médailles au concours de roses de Baden-Baden, en 1997, et à celui de Madrid, en 1999.*

comportement et ne pas se laisser attaquer facilement par les maladies.

Cela ne veut pas dire qu'il pousse tout seul… Comme tout bon rosier, 'Martin des Senteurs' appréciera un terrain maintenu propre, une taille pas trop courte en février, une application de bouillie bordelaise après chaque taille, un arrosage hebdomadaire et, régulièrement, un engrais et un traitement contre les maladies, à choisir dans une gamme chimique ou « bio », selon sa philosophie.

### Idéal pour les petits jardins

Si vous n'avez qu'un petit jardin, choisissez sans hésiter d'y installer 'Martin des Senteurs' : dès que l'air se réchauffe dans la matinée, il embaumera tout l'espace.

Il produira un bel effet en massif de trois ou cinq pieds, ou dans une plate-bande, mélangé à d'autres espèces.

Il permet aussi de faire de jolis bouquets : quelques branches simplement parfumeront toute la pièce.

Mais attention, n'installez pas ce rosier trop près d'un lieu de repos si vous n'aimez pas être dérangé par les insectes butineurs : d'après un journaliste américain qui a comparé les qualités de nombreuses variétés, 'Martin des Senteurs' serait le préféré des abeilles !

# La note enchantée

Son parfum intense et suave, très fruité avec une note rosée, persiste quelles que soient les conditions de température et d'hygrométrie. Pour certains il est presque enivrant, mais ce qui est sûr c'est qu'il enchantera même les nez les moins exercés.
Les fleurs sont elles aussi remarquables : elles sont très grosses, jusqu'à 13 centimètres de diamètre, et riches de quelque quatre-vingts pétales dentelés qui les font ressembler à d'énormes pivoines.
Au moment de la création d''Yves Piaget', au début des années 1980, une telle forme apparut comme une véritable petite révolution. Mais aujourd'hui, elle correspond parfaitement à la mode.
La couleur de la rose est lilas foncé, un ton très spécifique, qualifié de « rose Neyron », en référence à la rose ancienne qui porte le nom de 'Paul Neyron' : un rose soutenu nimbé d'argent, presque fluorescent.
Quant au feuillage, il est luisant et sombre, presque mat.

## Cette rose a lancé une nouvelle mode

*Voici encore une rose qui a été largement récompensée, dès les premières années de sa présentation : coupe du parfum à Bagatelle ainsi que plusieurs médailles, notamment au concours de Genève où sa forme de grosse pivoine a intrigué les visiteurs. Parmi ceux-ci, Yves Piaget, le joaillier suisse, la remarque et exprime sa si vive admiration qu'Alain Meilland convient avec lui de lui donner son nom. En France, la mode n'était pas encore aux roses de forme ancienne, mais après avoir séduit ce célèbre Suisse, elle conquiert d'emblée les Allemands pour lesquels elle évoque tout le charme de la Provence. Son succès ne s'est, depuis, jamais démenti.*

## Son charme exige quelques soins

'Yves Piaget' est une plante robuste, peu épineuse, avec souvent de gros rejets qui n'hésitent pas à jaillir du pied. Néanmoins, ce rosier ne supporte pas les climats rudes et il doit être réservé aux régions tempérées. N'oubliez pas de le butter et de le pailler au pied au début de l'hiver.
Les attaques éventuelles de maladies fongiques sont, chez lui, à surveiller de près : le mieux est de le traiter préventivement avec un produit « antimaladies » pour rosiers ou avec un traitement total pour rosiers, régulièrement pendant toute la période de végétation.
Et comme tout rosier vigoureux, vous le taillerez plutôt long à la fin de l'hiver.

## Belle harmonie avec du bleu

Les grosses pivoines rose foncé d''Yves Piaget' seront valorisées par le voisinage de fleurs légères, dans les tons bleus : sauges, céanothes ou encore petit massif de romarin. Des plantes vivaces basses, à feuillage argenté, comme l'épiaire laineuse ou le cinéraire, créeront également une belle harmonie de couleurs.
C'est un bon rosier pour fleurs coupées : un pied installé spécifiquement pour cet usage vous évitera de dégarnir vos massifs.

**Nom latin :** *Rosa* meivildo (obtention Meilland, 1983)
**Famille :** Rosacées
**Hauteur :** 80 cm à 1,10 m
**Floraison :** avril – octobre
**Exposition :** soleil
**Type :** buisson à grandes fleurs

# Grande classe

**Nom latin :** *Rosa* masdogui (obtention Guillot, 1995)
**Famille :** Rosacées
**Hauteur :** 1 à 1, 20 m
**Floraison :** avril – octobre
**Exposition :** soleil
**Type :** buisson à grandes fleurs

Le parfum fruité de cette grande fleur s'allie à l'élégance de sa forme : c'est une large coupe soyeuse d'une bonne centaine de pétales chiffonnés, en quartiers, d'un rose tendre aux reflets d'ambre.
Elle est d'assez grande taille, avec ses 12 centimètres de diamètre. Cette crinoline vaporeuse, qui se balance sur un rameau vert tendre, émerge d'un petit bouton triangulaire, au rose plus soutenu. Curieusement, ce bouton de forme très moderne donne naissance à une fleur épanouie dont l'aspect est typiquement celui d'une rose ancienne.
Ces fleurs et ces boutons, qui se renouvellent sans arrêt pendant toute la saison, se nichent avec élégance au cœur d'un feuillage vert tendre et mat.

### Un arbuste robuste et souple

'Sonia Rykiel' est un arbuste au port assez souple, ce qui lui procure beaucoup de légèreté, sans rien lui ôter de sa solidité et de sa robustesse.
Il est très sain, ne laissant pas prise aux maladies traditionnelles, oïdium ou marsonia. Inutile de le traiter préventivement. Seuls d'indésirables pucerons pourraient nécessiter l'usage d'un quelconque pulvérisateur.
Après une taille courte au moment de la plantation, il vous faudra tailler assez long cet arbuste vigoureux pour favoriser au maximum sa floraison. Il appréciera également un apport d'amendement et d'engrais organique, ainsi qu'un bon arrosage en cas de sécheresse estivale prolongée.

### Un superbe massif

L'effet de trois ou cinq rosiers 'Sonia Rykiel', installés en massif, sera superbe. Éloignez-les simplement d'au moins 1 mètre les uns des autres afin de laisser à ces buissons vigoureux la possibilité de se développer pleinement.
Associés avec d'autres arbustes à fleurs, d'une hauteur un peu moindre, ils seront particulièrement bien mis en valeur.
Mais un bel effet esthétique est également garanti si vous les accompagnez de vivaces aux reflets bleutés.
Ces magnifiques fleurs à l'allure de roses anciennes font merveille dans les bouquets : elles ont une bonne tenue en vase. Un rosier 'Sonia Rykiel' fera un bon sujet, facile à vivre, dans le coin réservé aux fleurs à couper.

**Haute couture**

*Grand spécialiste et collectionneur de roses anciennes, représentant d'une famille de rosiéristes qui ne compte pas moins de cinq générations, Jean-Pierre Guillot est aussi un obtenteur.*
*Parmi ses plus récentes créations, préparées en collaboration avec son cousin Dominique Massad, 'Sonia Rykiel' s'affirme comme sa préférée. Lorsqu'il l'a proposée, comme un hommage rendue à son talent, à la couturière Sonia Rykiel, celle-ci a tout de suite montré son enthousiasme, fière de donner son nom à cette belle réussite.*
*Cette rose appartient à une nouvelle famille signée Guillot, les* Rosa generosa, *qui allient toute la générosité des variétés anciennes à la diversité de couleurs des roses modernes. Comme tous les obtenteurs de la fin du XX<sup>e</sup> siècle, Jean-Pierre Guillot a été sensible à l'évolution de la demande des jardiniers, si nombreux à plébisciter les formes et les parfums qui évoquent les roses anciennes.*

# La violette odorante

## Une tendre suavité

**Nom latin :**
*Viola odorata*
**Famille :** Violacées
**Hauteur :** 10 à 20 cm
**Floraison :** mars
**Exposition :**
mi-ombre
**Type :** vivace

La violette odorante est une petite plante vivace rustique, qui forme des touffes très tapissantes hautes de 15 centimètres, et dont les fleurs, bleu-violet, parfois roses ou blanches, dégagent un parfum pénétrant et suave très caractéristique. Elles émergent, à la fin de l'hiver et au début du printemps, à l'extrémité de leur pédoncule, au milieu de rosettes de feuilles pétiolées, en forme de cœur, légèrement découpées sur leur bord.
Ces touffes de petites violettes apprécient les sous-bois clairs, les prés humides ou l'abri des haies. De nombreuses espèces poussent spontanément dans toutes les régions, mais la violette odorante, appelée aussi violette des haies ou violette de mars, est de toutes la plus agréablement parfumée. Elle est encore cultivée dans le Midi et dans les environs de Toulouse pour l'industrie de la confiserie et des parfums.

### Des tapis de fleurs odorantes

Il est facile de semer les graines de violette au début de l'automne, dans une terrine à laisser dans un coin du jardin. Il vous suffira de repiquer les petites pousses qui auront pris de la vigueur dès que le temps commence à se réchauffer : veillez à les espacer de 30 centimètres. Vous pouvez aussi multiplier la violette par bouturage au début du printemps ou à partir de ses stolons, en divisant les touffes adultes dès la fin de la floraison.
Et pour débuter votre plantation, la violette odorante se trouve maintenant couramment dans les jardineries et les fêtes des plantes, en petit godet à replanter au jardin.
Installez les violettes dans un sol riche et pas trop lourd, humide, à mi-ombre.
Elles formeront rapidement un tapis de fleurs odorantes ou des bordures ravissantes.
Les violettes se cultivent aussi très bien en pot, sur le rebord de fenêtre ou à l'intérieur de la maison : placez-les à mi-ombre en été, et évitez la proximité d'une source de chaleur l'hiver.
Dans une pièce bien aérée, et arrosée régulièrement, votre potée de violettes embaumera toute la pièce.

### Des fleurs cristallisées

Les pétales de violette donnent une note de fantaisie à la cuisine : vous pouvez les parsemer sur toutes sortes de salades et salades de fruits, ou les ajouter à du vinaigre pour le parfumer.

**Une grande dame**

*Les parfumeurs utilisent depuis des siècles l'extrait de ses fleurs, mais aux alentours de 1900, la mode des petits bouquets fit fureur. La violette était alors l'objet de recherches variétales, de nombreuses cultures spécialisées et d'un commerce florissant : elle voyageait même « en wagons capitonnés et chauffés, comme les plus grandes dames » !*
*Tombée ensuite en désuétude, la voici de nouveau très appréciée : ses fleurs colorées sont du plus bel effet dans les massifs ou dans les pots, et elle revient en force dans les jardins, bénéficiant du regain d'intérêt pour les plantes odorantes.*
*Depuis plus de 2 000 ans, la violette fait l'objet d'anecdotes : les Grecs la considéraient comme un symbole d'Athènes. Tressée en couronnes, elle passait pour dissiper l'ivresse pendant les festins. Hippocrate la conseillait contre la mélancolie, et au Moyen Âge, elle était citée comme remède de la migraine.*

La violette entre dans la composition de pots-pourris et de produits cosmétiques : l'eau soulage les paupières rougies, et l'essence est un composant courant en parfumerie.
La violette est l'un des ingrédients de la tisane des sept fleurs. Ses feuilles en décoction ont une action légèrement laxative, et feuilles et fleurs soignent la toux et les ennuis de respiration. Quant aux graines et aux racines, elles sont vomitives et purgatives.
Autrefois, on jonchait de tapis de violettes le sol de certaines pièces pour les parfumer.

Les fleurs cristallisées, confites dans du sucre, sont des éléments de décoration en pâtisserie ; en confiserie, la violette agrémente les dragées et les pralines.

# Les aromatiques

# La ciboule

## Subtilité aromatique

**Nom latin :** *Allium fistulosum*
**Famille :** Liliacées
**Hauteur :** 30 à 50 cm
**Floraison :** juin à septembre
**Exposition :** soleil ou mi-ombre
**Type :** vivace

La ciboule est une plante vivace à longues feuilles cylindriques creuses, vert foncé, qui forment une touffe d'environ 30 centimètres de hauteur et dégagent une forte odeur d'oignon. La base des tiges est un renflement charnu et épais, sans être vraiment un bulbe, de couleur blanche, violette ou brune selon la variété.
La deuxième année de culture, des petites fleurs blanc jaune en boule s'épanouissent de juin à septembre au sommet des tiges florales qui émergent au-dessus des pousses.
La ciboule est de la même famille que la ciboulette, l'ail, l'oignon, l'échalote ou le poireau. La senteur de toutes ces plantes est voisine, quoique plus ou moins prononcée, et leurs fleurs se ressemblent.
La ciboule chinoise est une autre espèce, un peu plus petite, à feuilles plates et à l'odeur plus alliacée.

### Dans un coin frais

La ciboule est accommodante, facile à cultiver : elle préfère cependant les sols fertiles et frais, pas trop humides, et une exposition ensoleillée, en tolérant cependant la mi-ombre. Vous pouvez l'acheter en godet, pour en avoir tout de suite une touffe plus importante, ou la semer en pleine terre ou en pot au printemps. Pour la multiplier, les souches pourront être divisées, en mars ou en octobre.
La ciboule, souvent cultivée comme une plante annuelle ou bisannuelle, est en fait une vivace qui peut rester en place plusieurs années.
Vous pouvez l'associer au persil, au cerfeuil et à l'oseille dans un coin de terre fraîche, et prélever ses feuilles au fur et à mesure de vos besoins. Elle fait également un beau contraste avec le feuillage plumeux et très léger du fenouil.

### Un goût plus fin que l'oignon

Les jeunes feuilles peuvent être coupées dès que leur taille est suffisante, 3 mois après le semis, beaucoup plus vite si vous avez acheté la ciboule en godet.
Crues et hachées, elles accompagnent les hors-d'œuvre et les salades, le fromage blanc, les légumes, les omelettes, les poissons au four ou les sauces. Ces feuilles, mais également les pieds renflés des tiges, peuvent se consommer cuits, comme un légume.
La ciboule a des propriétés voisines de celles de l'oignon, tout en ayant un goût plus fin et en étant mieux tolérée par les estomacs

## La cive chinoise

*La ciboule, appelée également cive, est spontanée en Sibérie où elle résiste aux rigueurs de l'hiver. Les Chinois la cultivaient et l'employaient déjà pour ses qualités alimentaires plus de 2 000 ans avant notre ère.*
*Son apparition en Europe remonte au Moyen Âge, mais il est difficile dans les livres anciens de distinguer la ciboule de la ciboulette ; Olivier de Serres, qui les nommait « ciboulles » ou « civots », en cultivait dans son jardin pour leur aspect et leur saveur, et La Quintinie les utilisait pour dessiner des petites bordures décoratives au Potager du Roy.*
*De nos jours, la ciboule est cultivée comme plante aromatique dans tous les pays européens ainsi qu'aux États-Unis.*

délicats. Comme les autres plantes de la famille, elle a des vertus apéritives. La ciboule chinoise, à saveur d'ail, se récolte comme la ciboulette, c'est-à-dire en la coupant à ras, ce qui stimule la reprise de la pousse.

*L'hysope*

# Une belle méditerranéenne

Voici l'une des plus belles plantes aromatiques, originaire des régions méditerranéennes où elle pousse à l'état sauvage dans les endroits arides, rocailleux et ensoleillés : un petit arbuste, dont les tiges sont ligneuses à la base, vertes et herbacées dans leur partie supérieure, les petites feuilles étroites en forme de lance, vert foncé, semi-persistantes, et les fleurs, bleu violacé, en épis disposés d'un seul côté de la tige. D'autres variétés d'hysope fleurissent tout l'été, dans des tons différents : blanc, bleu foncé ou rose.

Les jeunes feuilles ont une saveur un peu amère, qui rappelle le romarin et la sarriette. Mais au jardin, lorsqu'il fait chaud, c'est toute la plante qui embaume.

## Une plante de soleil

Semez les graines d'hysope sous abri au début du printemps ou multipliez ce petit arbuste en prélevant des boutures sur les tiges avant qu'elles ne fleurissent.

L'entretien de cette belle méditerranéenne est limité : supprimez les fleurs fanées pour qu'elle poursuive longtemps sa floraison ; lorsque celle-ci est terminée, taillez la plante pour lui donner une belle forme.

### L'herbe sacrée des Hébreux

*L'hysope doit son nom au mot hébreu « ezob », c'est-à-dire « herbe sacrée ». Les Anciens en faisaient une grande consommation : Hippocrate recommandait son usage pour ses propriétés pectorales. Les Perses se frictionnaient le corps d'eau d'hysope pour lui donner de la couleur. Les Espagnols en emportèrent avec eux dans le Nouveau Monde pour préparer des tisanes ou du tabac aromatisé, mais également comme antiseptique.*
*L'hysope est devenue très populaire, surtout depuis que l'on a découvert que la moisissure produisant la pénicilline poussait sur ses feuilles.*
*À une époque, le seul remède contre la lèpre consistait en bains d'hysope, peut-être en raison de cette action antibiotique. Aujourd'hui, l'hysope est encore une plante couramment utilisée par les herboristes.*

Les utilisations au jardin sont diverses : vous pouvez installer une haie d'hysope, qui restera assez basse, la planter en bordure d'une allée, ou l'intégrer dans un massif ou une rocaille. Les fleurs, très mellifères, attirent les papillons et les abeilles.
En pot ou en jardinière, associez l'hysope au thym, au romarin, à la sauge, à la sarriette, qui aiment comme elle le soleil et les murs exposés au sud. Ses feuilles coriaces ne craignent pas la pollution des villes, et c'est une très bonne plante de balcon.
L'hysope supporte bien la sécheresse. Elle est assez rustique, mais placez-la à l'abri si une période de grand gel s'annonce.

### Une saveur un peu amère

Les jeunes feuilles parfument les grillades, les ragoûts, les potages. Elles ont une saveur relevée, mélange de thym et d'épices un peu amer, qui se marie bien avec les viandes comme le gigot ou les travers de porc, ou avec les poissons gras. Un seul brin suffit à parfumer une salade ou du beurre frais.
L'hysope entre, avec le thym et le laurier, dans les bouquets de Provence. Les feuilles, séchées, conservent tout leur arôme, mais elles doivent l'être rapidement pour garder leur belle couleur.
L'hysope se marie très bien avec toutes les préparations à base de fruits : ajoutez simplement quelques feuilles à une compote ; lors d'une préparation de confitures, placez quelques secondes un brin dans le sirop de sucre au moment de l'ébullition, retirez-le et mettez-y les fruits.
Les feuilles sont très odorantes dans les pots-pourris. Quant aux fleurs, elles égayeront une salade verte.
L'hysope entre dans la fabrication de la Chartreuse et de l'eau de mélisse.
Elle est également utilisée en parfumerie.
Attention : sous forme d'infusion, elle est déconseillée aux femmes enceintes.

**Nom latin :** *Hyssopus officinalis*
**Famille :** Lamiacées
**Hauteur :** 30 à 80 cm
**Floraison :** été
**Exposition :** soleil
**Type :** arbuste

# L'estragon

## L'herbe aux dragons

**Nom latin :** *Artemisia dracunculus*
**Famille :** Astéracées
**Hauteur :** 45 cm à 1 m
**Floraison :** juin – juillet
**Exposition :** soleil
**Type :** vivace

L'estragon appartient à la famille des armoises, ces vivaces à la saveur souvent amère, dont font partie l'absinthe et la citronnelle. C'est une plante buissonnante, dont les tiges raides et dressées portent des feuilles étroites et allongées et forment des touffes de 1 mètre de hauteur. Ces feuilles bien vertes et un peu épaisses dégagent une senteur poivrée, légèrement anisée.

Les fleurs minuscules qui apparaissent en juin-juillet sont globuleuses, en petits panicules blanchâtres ou verdâtres. Mais cette floraison est souvent absente dans les régions froides. De toutes façons, ces fleurs restent stériles et ne donnent pas de graines.

### Une plante qui s'épuise vite

L'estragon s'épuise vite, excepté la variété estragon de Russie qui est plus persistante mais qui n'a aucune saveur. N'hésitez donc pas à renouveler votre plantation d'estragon tous les ans pour avoir toujours un pied en pleine forme.

L'estragon est vendu sous forme de jeunes plants en godet ou de touffes en pot à installer au jardin en mars-avril, au soleil mais sans excès, dans une terre légère et bien drainée – l'excès d'humidité fait pourrir les racines – et de préférence dans un endroit un peu surélevé et protégé des limaces. Espacez les touffes de 30 centimètres environ, les racines ayant besoin de place.

Après quelques semaines, lorsque le plant se sera solidement installé, vous pourrez commencer à prélever les pointes tendres des tiges, une opération qui aura également l'avantage d'induire leur ramification.

L'estragon ne demande que peu de soins : un abri éventuel pendant l'hiver, sous une cloche, un grand pot retourné ou un voile d'hivernage, et un sévère rabattage au printemps, à 15 centimètres de hauteur.

Cette plante ne donnant pas de graines se multiplie uniquement par division des touffes.

Vous pouvez aussi la cultiver en pot ou en jardinière, sur un balcon ou un rebord de fenêtre.

### Vinaigre à l'estragon

L'estragon est très riche en vitamine C, et ses feuilles ont une action tonique sur l'appareil digestif. Ramassées à partir de juin, au fur et à mesure des besoins, elles s'utilisent fraîches, puis au fil des mois, séchées, ou congelées.

**Un nom légendaire**

*Voici l'une de nos grandes herbes aromatiques, tellement liée à notre culture qu'elle symbolise aux États-Unis la cuisine française.*
*Son nom remonte à d'anciennes légendes : « tarcon » d'abord, puis « targon », avant de devenir « estragon », autant de termes qui se rapprochent du mot dragon, faisant référence à la forme tortueuse de ses racines.*
*Originaire de Russie et de Sibérie, l'estragon, « herbe aux dragons », a été introduit en Europe au Moyen Âge par les croisés et ne devient commun en France qu'au XVIII^e^ siècle.*
*Les moines le cultivaient avec le consentement de leurs supérieurs, qui ne le considéraient pas « dangereux » comme d'autres plantes excitantes ou aphrodisiaques.*
*Au contraire, il avait la réputation d'éloigner la peste et de guérir les morsures de serpent ou de scorpion.*
*En Inde, le jus d'estragon et de fenouil était un breuvage réservé aux souverains.*

L'estragon aromatise traditionnellement moutarde, cornichons, petits oignons. Mis à macérer dans le vinaigre pendant 15 jours, il en neutralise l'acidité. Il entre également dans la composition de nombreuses sauces : béarnaise, rémoulade, ravigote. Il relève de nombreux plats et donne une saveur agréable à la cuisine sans sel, accompagnant avec beaucoup de goût la salade verte, les tomates, les marinades, le poulet et autres viandes blanches. Dans un gigot d'agneau, un peu d'estragon atténue la force de l'ail.
L'estragon sert à la fabrication d'une liqueur : il suffit de laisser quelques branches macérer dans de l'eau-de-vie pendant 15 jours.
Et mâcher quelques feuilles ferait passer le hoquet.

# Le laurier

## Bouquet d'épices

**Nom latin :**
*Laurus nobilis*
**Famille :** Lauracées
**Hauteur :** 1 à 3 m
**Floraison :** avril – mai
**Exposition :** soleil ou mi-ombre
**Type :** petit arbre

Plus qu'un arbuste, le laurier est un véritable petit arbre qui atteindra sous nos climats 2 ou 3 mètres mais peut, dans ses régions d'origine, le Moyen-Orient, s'élever à près de 10 mètres de hauteur.
Son écorce grise est déjà très décorative, et ses feuilles rigides, épaisses et coriaces qui se terminent en pointe sont persistantes. D'un beau vert sombre, elles sont toutes luisantes, comme vernissées sur leur face supérieure. Ce sont elles qui dégagent cette forte odeur épicée lorsqu'on les froisse et qui aromatisent si bien les plats.
Les petites fleurs discrètes du laurier, jaune crème et odorantes, en forme d'étoiles, s'épanouissent à l'aisselle des feuilles au printemps. Elles vont ensuite se transformer en baies charnues comme des olives, à utiliser dans la cuisine ou dans des préparations phytopharmaceutiques.
Plusieurs variétés sont disponibles, différentes par la forme et la taille de leurs feuilles : étroites chez 'Angustifolia', à bords ondulés chez 'Crispa' ou encore de couleur jaune pour le superbe 'Aurea'.

### Une plante solide

Les lauriers se plaisent dans une terre un peu sableuse et bien drainée, pas trop riche en matières organiques, et préfèrent une exposition ensoleillée et abritée.
Apportez-leur de l'engrais en avril et en juin, et arrosez-les fréquemment en été, surtout s'ils sont en plein soleil.
Une première fois pendant l'hiver, puis de nouveau vers la fin juin, taillez les extrémités des pousses afin de conserver à votre arbre son port compact. Bien soigné, un laurier peut devenir centenaire. Mais attention, il ne résiste pas à une température inférieure à – 5 °C.

### Une vedette en bac

Ses racines ne craignent pas d'être à l'étroit et le laurier peut être cultivé dans un grand bac, pourvu que vous le remplissiez d'un terreau argileux et bien drainé.
Comme il se prête bien à la taille, vous pourrez lui donner une forme de boule, de cône ou de pyramide.
Placez-le à la porte de la maison ou, pourquoi pas, sous la fenêtre de la cuisine afin qu'il n'y

**Symbole de l'amour éternel**

*C'est de Perse que les Grecs ramenèrent cette plante qui allait conquérir tout le pourtour de la Méditerranée.*
*Selon une légende, la ravissante Daphné fut transformée en laurier par son propre père, pour échapper aux avances d'Apollon. Cet arbre devint alors symbole d'amour et emblème personnel de ce dieu de la lumière, de la sagesse, de la beauté et des arts. De là naquit la coutume de couronner de feuilles de laurier poètes, musiciens, athlètes ou militaires qui se distinguaient par leur art ou leur bravoure.*
*Plus tard, à la Renaissance, une coutume semblable revint pour récompenser les étudiants qui avaient réussi leurs examens : une couronne de baies de laurier. « Baie » se dit* bacca *en latin, et « laurier »,* laurea *: voici donc l'origine de notre toujours célèbre baccalauréat.*

ait qu'à se pencher pour en cueillir deux ou trois feuilles au moment de mettre le ragoût sur le feu. Et mettez-le à l'abri dans un endroit frais pendant tout l'hiver.
Au jardin, dans une région où il ne gèle pas, un alignement de plusieurs lauriers formera une très belle haie persistante ou un brise-vent efficace. Ils peuvent aussi s'intégrer dans un massif, auquel ils donneront de la verdure lorsque les autres végétaux auront perdu leurs feuilles.

# La mélisse

## Fraîcheur citronnée

Commune dans les bois et les haies, la mélisse est une plante vivace qui forme de grosses touffes dont se dégage une très agréable odeur citronnée. Ses tiges dressées et ramifiées, à section carrée, portent des feuilles opposées, gaufrées, de forme ovale, d'un vert jaunâtre. De juillet à septembre, des petites fleurs roses ou blanches apparaissent à l'aisselle des feuilles. Il existe des variétés naines, ainsi qu'une mélisse à feuilles panachées de jaune d'or, fort décorative au printemps avant qu'un trop chaud soleil ne brûle son feuillage.
En raison de son parfum, la mélisse partage avec une armoise son surnom de citronnelle. Mais elle est aussi connue comme herbe au citron ou buisson-citron.

### Une plante pleine de vigueur

La mélisse se multiplie par semis en place au printemps, par boutures ou par division des touffes. Elle pousse sans problème pratiquement partout, mais préfère un sol frais, humide et fertile, et une exposition abritée, au soleil ou à l'ombre légère.
C'est une plante qui peut devenir vite envahissante au jardin et que vous devez donc surveiller de près : notamment, empêchez-la

### La feuille de miel

*La mélisse est connue et cultivée dans le Bassin méditerranéen depuis plus de 2 000 ans. Son nom latin,* Melissa, *vient du même mot grec, qui signifie « abeille », et rappelle que cette plante est particulièrement mellifère. Elle compte d'ailleurs parmi ses surnoms de jolies expressions : piment des abeilles, piment des ruches, ou encore feuille de miel, comme la qualifiait le naturaliste grec Dioscoride. Les médecins persans et arabes appréciaient ses vertus, et au Moyen Âge, elle était très employée dans les cordiaux, ces boissons fortifiantes aux compositions élaborées. Aujourd'hui encore, rien ne vaut, comme remontant ou calmant, quelques gouttes d'eau de mélisse – une invention du XVIIe siècle due aux moines, les Carmes déchaussés – versées sur un sucre !*

de fleurir en la coupant assez ras en été afin qu'elle n'essaime pas spontanément.
Et au printemps, coupez de façon drastique toutes les pousses qui dépassent de l'espace que vous avez décidé de lui réserver.
Cela permet également d'étoffer la base de la plante et de lui donner ainsi un aspect plus fourni.
Dans le coin des aromatiques, il paraît que la mélisse n'aime pas trop la concurrence mais elle supporte bien le voisinage de l'oseille et de la menthe. Vous pouvez aussi en garnir le pied des rosiers, ou former une petite haie, à tailler régulièrement. Sous les fenêtres de la maison, elle aurait – dit-on – l'heureuse idée d'éloigner les moustiques.
Une bonne solution est d'installer votre mélisse en pot ou en jardinière, à un endroit ensoleillé ou même à l'intérieur de la maison, pourvu qu'elle ait quelques heures de soleil par jour.

### Des infusions calmantes

Les feuilles de mélisse se récoltent du printemps à l'automne, et doivent être séchées rapidement. Après cette période, elles perdent tout leur parfum, disparaissant même totalement par grand froid.
Ces feuilles permettent de parfumer salades ou fromage blanc et (ajoutées en fin de cuisson) omelettes, sauces, viandes blanches ou poissons. Fraîche et pilée, la mélisse mélangée à de la semoule donne un excellent taboulé.
Elle est également intéressante en pâtisserie où les feuilles apportent leur saveur aux crèmes, flans, mousses et tartes, ainsi qu'aux boissons et liqueurs. Infusée la mélisse donne des tisanes délicatement citronnées, calmantes et digestives : ce « thé de France » est réputé soulager maux de tête, insomnies, rhumes, nausées et troubles gastriques.
Les feuilles fraîches apaisent la douleur des piqûres d'insectes. Elles peuvent aussi être utilisées séchées dans les armoires comme substance antimite.

**Nom latin :**
*Melissa officinalis*
**Famille :** Lamiacées
**Hauteur :** 40 à 80 cm
**Floraison :**
juillet – septembre
**Exposition :** soleil ou ombre légère
**Type :** vivace

Les menthes

# Une palette de parfums

**Nom latin :**
*Mentha sp.*
**Famille :** Lamiacées
**Hauteur :**
30 cm à 1 m
**Floraison :** été
**Exposition :** soleil ou mi-ombre
**Type :** vivace

Sous ce nom unique existent de nombreuses espèces, sous-espèces et variétés, qui sont toutes des plantes vivaces, préférant les lieux humides. Elles ont en commun des tiges quadrangulaires, des feuilles opposées, plus ou moins dentées, mais très différentes par leur forme, leur taille et leur couleur selon les variétés. Les fleurs forment des épis minuscules, dans une gamme de blancs, roses, lilas et pourpre.
Toutes ces plantes bien sûr ont pour base une odeur de « menthe », due à une forte concentration en huiles essentielles, mais on observe des nuances d'une variété à l'autre : certaines sentent le citron, d'autres la pomme ou encore le pamplemousse…
La plus cultivée, qui est aussi la plus parfumée, est la menthe poivrée, le *peppermint* des Anglo-Saxons, à la saveur piquante et fraîche : c'est une plante vigoureuse à tiges rougeâtres, au feuillage vert foncé souvent nuancé de pourpre et aux fleurs violacées. La menthe verte, plus fine que la précédente, est cultivée surtout pour les infusions. Elle donne leur parfum aux chewing-gums, et reste la préférée de nos voisins anglais pour la cuisine.

### Une bonne solution : les pots

Les menthes se multiplient principalement par division des touffes et s'installent dans une terre riche, fraîche et profonde. Si vous désirez créer votre propre collection, choisissez un pied par variété, mais ne les installez pas les uns à côtés des autres, au risque qu'ils s'hybrident entre eux et perdent leurs caractéristiques. Surveillez leur développement : les menthes deviennent vite envahissantes au jardin. Si vous voulez tout de même faire des associations, choisissez-leur comme voisines de grandes plantes vigoureuses, tel le cerfeuil musqué, qui se plaît aussi en terrain humide.
En pot, placez vos menthes de telle façon qu'elles reçoivent quelques heures d'ensoleillement quotidien. Arrosez fréquemment et taillez régulièrement à 25 centimètres de hauteur.

### À toutes les sauces

Cueillez les feuilles au fur et à mesure des besoins pour profiter de leur fraîcheur, et si vous les séchez, procédez rapidement pour préserver leurs qualités.

## Elle aiguillonne l'esprit

*Menthe est le nom d'une nymphe de la mythologie grecque, mais cette plante était déjà connue des Hébreux et des Égyptiens qui en faisaient une grande consommation.*
*Les Grecs en tressaient des couronnes, les Romains en parfumaient leurs bains.*
*Ils l'appréciaient pour ses vertus rafraîchissantes et stimulantes, et Pline l'Ancien la conseillait, en écrivant dans son* Histoire naturelle *qu'elle « aiguillonne l'esprit et suscite un grand désir de viande ».*
*Exportée en Asie, elle séduisit Chinois et Japonais qui l'utilisèrent pour ses propriétés calmantes. En France, Charlemagne ordonna sa culture par un décret, et au Moyen Âge, la menthe était une plante traditionnelle des jardins de monastères.*
*D'après l'histoire des plantes cultivées de Jean-Baptiste de Vilmorin (*Le Jardin des hommes*), le désherbage des champs de menthe peut être assuré par les oies d'élevage : elles mangent toutes les herbes qui l'entourent mais ont horreur de son goût !*

Entières ou hachées, les feuilles de menthe rafraîchissent les œufs, les viandes, les poissons, les sauces. Ajoutez-les aux salades, notamment au taboulé, au gaspacho, mais aussi aux fraises, au melon et autres salades de fruits. Elles donnent d'agréables tisanes et parfument le thé (mais ne laissez pas infuser plus de 5 minutes) ; de la menthe poivrée dans du lait chaud constitue un bon somnifère.
Mais la menthe rend également d'autres services : placée dans la maison, elle présenterait l'avantage d'éloigner les insectes et les araignées.

*L'origan*

# [ Les arômes du Midi ]

**Nom latin :**
*Origanum vulgare*
**Famille :** Lamiacées
**Hauteur :** 30 à 80 cm
**Floraison :** été
**Exposition :** soleil
**Type :** vivace

L'origan est une plante herbacée vivace, formée d'une touffe de tiges dressées, légèrement rougeâtres, qui portent des petites feuilles opposées, ovales et pointues au bout d'un long pétiole, plus ou moins duveteuses et dégageant une odeur poivrée.

En été, la plante se couvre au sommet des tiges de petites grappes ramifiées réunissant de nombreuses fleurs roses ou mauves, dont le ton pâle est rehaussé par des bractées rouge violacé.

L'origan, originaire d'Europe, est largement répandu à l'état naturel dans tout le Bassin méditerranéen : au bord des chemins, sur les coteaux ensoleillés et les pentes rocailleuses. En dehors de la marjolaine, sorte bien particulière d'origan, il en existe d'assez nombreuses espèces et variétés, qui diffèrent par leur taille ainsi que par la couleur de leur feuillage et de leur floraison.

L'origan a beaucoup de surnoms : thé rouge, marjolaine sauvage, marjolaine bâtarde ou encore thym de berger.

## Sol sec, léger et chaud soleil

Bien qu'il sache s'adapter à de nombreux climats, l'origan a besoin d'une situation chaude et apprécie des terrains secs, légers et calcaires. Ses graines très fines se sèment en mars-avril et se repiquent quand les plants ont quelques feuilles. Vous pouvez aussi le multiplier par division des touffes ou l'acheter en godet, en choisissant plusieurs variétés.

Au jardin, l'origan forme de belles bordures. Vous pouvez également l'associer dans un massif à des rosiers, autres arbustes appréciant le soleil, ou encore le disperser parmi des plantes vivaces avec d'autres aromatiques.

L'origan se cultive bien en pot : arrosez modérément et mettez à l'abri si l'hiver se montre rude. Supprimez les fleurs dès qu'elles sont fanées.

## Une senteur qui persiste en plein hiver

La saveur de l'origan est proche de celle de la marjolaine, un peu poivrée et amère, mêlant des arômes de thym, de menthe et de basilic, mais elle est généralement moins prononcée. Ce sont les fleurs et les jeunes feuilles qui sont utilisées, et leur senteur persiste quand elles sont sèches. Vous pourrez donc les cueillir encore en plein hiver ou les faire sécher avant de les conserver dans un bocal bien fermé.

**La joie des montagnes**

*Le nom de l'origan est dérivé de deux mots grecs,* oros *(la montagne) et* ganos *(qui exprime la joie, l'éclat, l'aspect riant). L'origan est, depuis la nuit des temps, une herbe de légende : en Égypte, il était consacré à Osiris, et il figure aussi bien dans la mythologie grecque que latine. De l'origan poussant sur une tombe, par exemple, signifiait que le défunt reposait en paix ; Aristote prétendait que les tortues qui avaient avalé un serpent mangeaient tout de suite de l'origan pour échapper à la mort : d'où la croyance selon laquelle cette plante agit contre le venin. Les Grecs et les Romains l'utilisaient comme aromate mais aussi en huile parfumée après le bain, comme désinfectant et comme agent conservateur. En Europe, dès le Moyen Âge, cette plante a été largement cultivée, devenant presque aussi répandue que le thym.*

L'origan est apprécié, particulièrement en Italie, pour parfumer les viandes hachées, les tomates et choux farcis, le poisson, l'agneau, le gibier ou encore les légumes, et, bien sûr, les pizzas. Il se marie bien à la féta (fromage grec) arrosée d'huile d'olive. Dans les plats chauds, ne l'ajoutez qu'en fin de cuisson afin de ne pas dénaturer ses arômes.

# La sarriette

## Piquante et poivrée

Deux espèces sont particulièrement appréciées des jardiniers et des cuisiniers : la sarriette des jardins, qui est une plante annuelle, et la sarriette des montagnes, petit arbrisseau vivace au feuillage persistant, qui pousse à l'état sauvage sur les coteaux arides et rocailleux du Midi.
Les tiges de la sarriette sont dressées et ramifiées, ligneuses à leur base et marquées de rouge. Elles portent des petites feuilles allongées et poilues, vert cendré au-dessus, argentées au revers, un peu molles pour la sarriette annuelle, plus coriaces pour la vivace.
Les jeunes pousses des rameaux et les feuilles ont une odeur très forte, épicée et poivrée.
De juin à septembre, des épis terminaux de petites fleurs roses, blanches ou lilas s'épanouissent à l'aisselle des feuilles.

**Dans un coin ensoleillé**

La sarriette des jardins se sème au printemps, la vivace se divise par touffes à l'automne.
Toutes deux préfèrent une terre meuble, légère et bien drainée, et les situations ensoleillées.
Elles poussent sous tous les climats, mais la sarriette vivace demande à être protégée par un bon paillis si de grands froids s'annoncent.
La sarriette est une jolie plante de bordure, très

**Des vertus aphrodisiaques**

*Depuis plus de 2 000 ans, la sarriette est non seulement connue comme plante aromatique, mais également aphrodisiaque : les Égyptiens en mettaient dans leurs philtres d'amour ; les Grecs lui reconnaissaient des vertus semblables puisqu'ils l'avaient dédiée à Dionysos, maître des satyres (son nom latin d'ailleurs est une déformation du mot satyre) ; les Romains s'en servaient, plus sagement, pour aromatiser les sauces et le vinaigre.*
*La sarriette fut ensuite largement utilisée dans le nord de l'Europe pour ses propriétés condimentaires et désinfectantes. Mais ses autres qualités étaient aussi connues, puisqu'elle était interdite dans les jardins des moines !*
*En Provence, la sarriette des montagnes est appelée « poivre d'âne », ou* pebré d'ail *en langue d'oc : elle est donnée aux ânes pour les mettre en bonnes conditions de reproduction.*

décorative pendant tout l'été : alignez une série de pieds pour constituer des petites haies basses, pour garnir le pied d'un mur bien exposé ou une bordure d'allée. En massif, mélangez-la à du thym et de la sauge.
Taillez régulièrement pour donner une jolie forme aux plantes et les empêcher de pousser trop en hauteur. Cela favorise également les nouvelles pousses. Laissez venir ensuite les fleurs : elles apporteront de la couleur à votre décor jusqu'aux gelées. La sarriette se cultive très bien en pot, dans une terre à rosiers ou dans un mélange de terreau de feuilles et de sable. Arrosez modérément, et si vous cueillez souvent de jeunes feuilles pour la cuisine, enrichissez la terre avec un peu d'engrais liquide.

**Elle remplace le sel et le poivre**

Qu'elle soit vivace ou annuelle, cueillez la sarriette au fur et à mesure de vos besoins, avant la floraison si vous voulez faire sécher les feuilles.
Sa saveur est plutôt piquante, au goût prononcé : la sarriette est donc à utiliser avec modération en cuisine, où elle peut se substituer au sel et au poivre. Elle relève les ragoûts et rôtis de porc, le gibier et les viandes un peu lourdes, elle facilite la digestion du chou et du haricot, et parfume les fromages de chèvre et de brebis.
Dans les plats, la sarriette s'associe bien avec le thym, le romarin et le laurier. Quelques jeunes feuilles hachées dans la salade, une branche dans un flacon de vinaigre, ou encore de jeunes pousses ajoutées aux légumes secs en fin de cuisson, sont autant de petites touches qui donneront un accent provençal à votre cuisine.
Un bain parfumé à la sarriette est revigorant et tonique, une infusion de feuilles nettoie les cheveux et les peaux grasses, apaise les piqûres de guêpe ou d'abeille, et repose les yeux fatigués.

**Nom latin :** *Satureja hortensis, S. montana*
**Famille :** Lamiacées
**Hauteur :** 10 à 40 cm
**Floraison :** juin – septembre
**Exposition :** soleil
**Type :** annuelle ou vivace

# Le soleil de la Provence

**Nom latin :** *Rosmarinus officinalis*
**Famille :** Lamiacées
**Hauteur :** 80 cm à 2 m
**Floraison :** mai – août
**Exposition :** soleil
**Type :** arbrisseau

Le romarin est un arbrisseau vivace, toujours vert, qui peut atteindre près de 2 mètres de hauteur, mais en poussant très lentement. C'est un bel arbuste touffu, à forte odeur résineuse, qui se cultive aussi bien pour ses senteurs aromatiques, que pour ses qualités décoratives. L'écorce des rameaux est brun clair, le feuillage vert foncé et luisant sur le dessus, argenté et cotonneux au-dessous. Ses fleurs bleu pâle à blanchâtres, tubulaires, qui forment de petites grappes entre les feuilles, s'épanouissent de mai à août, et plaisent beaucoup aux abeilles. Dans les régions à climat doux, il arrive que l'arbuste fleurisse en plein hiver. Il est généralement rustique sous le climat parisien, sensible seulement aux grandes gelées hivernales.
Il existe de nombreuses variétés de romarin, à port dressé ou rampant, à feuilles vert foncé ou vert clair, à fleurs bleues ou blanches.

### Plein soleil indispensable

Le romarin n'aime pas les terres lourdes et humides, et demande un sol léger, sec, calcaire, bien drainé. Il se plaît en régions côtières, tolère la sécheresse et supporte bien le froid, mais seulement en climat sec. Dans une région froide, plantez-le au pied d'un mur exposé au sud et protégez les jeunes plantes en hiver. Taillez votre romarin fin mai pour lui donner un port compact et bien ramifié et, pour le multiplier, faites des boutures en été. Surveillez les éventuelles attaques de champignons parasites qui provoquent un brunissement des rameaux ; dans ce cas, éliminez le rameau malade. Au jardin, il s'intègre parfaitement dans les massifs, les rocailles, mais le romarin est également idéal pour former une haie, avec son feuillage persistant et son parfum délicieux : plantez les pieds à 45 centimètres de distance et attendez la fin de la floraison de printemps pour tailler.
Vous pouvez également le cultiver en pot, en l'installant dans un terreau à rosiers.
Il embaumera la terrasse ou le balcon pendant quatre à cinq ans.

### Il parfume, frais ou séché

D'avril à août, coupez au sécateur des branches de romarin, que vous utiliserez fraîches ou séchées. Laissez-les sécher à plat ou suspendues en bouquets, puis effeuillez-les. Moulues grossièrement au moulin à café, les feuilles se conserveront dans un récipient étanche.

**Symbole d'amour et d'amitié**

*Le romarin est un arbrisseau originaire de Méditerranée, aujourd'hui cultivé dans toutes les régions tempérées du monde. Son nom latin signifie « rosée du matin » ou « rosée de mer » : est-ce parce que de loin ses petites fleurs ressemblent à des gouttes de rosée ou parce qu'il pousse en bord de mer ? Les avis sont partagés. Mais pour tous, le romarin est symbole de fidélité aussi bien en amour qu'en amitié : en Provence, le 1er mai, les garçons en déposent un brin devant la fenêtre de leur bien-aimée.*
*Le romarin était autrefois l'ornement principal des mariages, mais aussi des enterrements. On brûlait du romarin dans la chambre des malades pour purifier l'air. Pendant la peste, les voyageurs portaient au cou un petit sac de brins de romarin.*
*Au XVIe siècle, on tressait des tapis de reine des prés, monarde, aspérule et romarin, lesquels étaient étendus dans la maison avant d'être au bout de quelque temps jetés et renouvelés de senteurs fraîches.*

Branches et feuilles se marient bien avec le thym et le laurier-sauce et parfument les marinades, les plats de viande, volaille, poisson, ainsi que les crudités, salades et sauces. Une tige de romarin donnera sa saveur à tout un bocal de vinaigre. Les feuilles en infusion ou en gargarisme atténuent les irritations de la gorge ; une tisane de romarin combat l'aérophagie.

Le romarin a également la réputation de tonifier les cheveux et entre dans la composition de nombreux shampooings. Enfin, quelques brins sur une grille de barbecue ou à la maison, dans un poêle à bois, apportent une senteur très agréable.

# La sauge

## Parfumée et bénéfique

**Nom latin :** *Salvia officinalis*
**Famille :** Lamiacées
**Hauteur :** 50 à 80 cm
**Floraison :** mai – juillet
**Exposition :** soleil
**Type :** arbrisseau

La sauge est un arbrisseau vivace et buissonneux. Les tiges velues, dressées et très ramifiées, ligneuses à la base et quadrangulaires, portent des petites feuilles persistantes vert grisâtre, minces et pointues, d'un aspect velouté. De mai à juillet s'épanouissent des épis terminaux de petites fleurs bleu violacé.
La sauge officinale est la plus parfumée et la plus cultivée pour ses vertus culinaires, mais il en existe de nombreuses autres espèces et variétés, très intéressantes pour leur aspect décoratif : leurs feuilles sont rose pourpré, jaune doré, velues et crénelées, ou encore vert panaché de jaune. Elles apportent dans un massif des notes de couleur originales.

### Une plante résistante

La sauge est une plante d'origine méditerranéenne, qui aime le plein soleil mais supporte les hivers des régions tempérées sans protection (exception faite des tout jeunes plants), à condition que la terre soit bien drainée. Elle s'épanouit dans un sol riche, mais une terre calcaire, pauvre et sèche lui assure des arômes plus prononcés.
La sauge peut se semer au printemps ou être achetée en pot ; elle se multiplie très bien par division des touffes, bouturage ou marcottage. Lorsqu'au bout de trois ou quatre ans la plante devient trop ligneuse et désordonnée, n'hésitez pas à la renouveler en divisant la touffe : jetez le centre et replantez immédiatement les éclats extérieurs.
Pour que le feuillage reste dense, taillez la sauge au printemps et à la fin de l'été après la floraison : elle développera alors de jeunes pousses particulièrement parfumées.
Par sa couleur et sa texture, la sauge s'harmonise très bien dans les massifs avec des plantes à feuilles hérissées, comme le romarin et le thym, ou à feuillage finement découpé, comme les armoises. Dans une grande jardinière, vous pouvez l'associer avec toutes les autres plantes méditerranéennes : thym, romarin, hysope, sarriette. N'arrosez l'ensemble que modérément.

### Condiment ou infusion

Les feuilles se récoltent de préférence avant la floraison et s'utilisent fraîches ou séchées. Dans ce dernier cas, il faut pousser le séchage à fond pour éviter tout risque de pourriture et émietter les feuilles

**L'herbe qui sauve**

*« Celui qui a de la sauge dans son jardin n'a jamais besoin de médecin », dit un proverbe ancien. Avec pour variante médiévale : « Homme, pourquoi meurs-tu, quand il y a de la sauge dans ton jardin ? » Le mot sauge effectivement vient du latin* salvere, *être en bonne santé : les Égyptiens, puis les Grecs et les Romains se servaient beaucoup de la sauge pour soigner de nombreux maux, notamment les ulcères et les morsures de serpent. Les Romains la considéraient véritablement comme une herbe sacrée qu'il fallait ramasser en suivant des rites précis, et la cérémonie de la cueillette était précédée d'offrandes de nourriture. La sauge pouvait ainsi sauver la vie, mais aussi l'engendrer : en Égypte, elle était réputée donner la fécondité, et à Rome, on conseillait de faire boire du jus de sauge aux femmes stériles.*
*Les Chinois également accordaient une grande valeur à cette plante.*

que l'on conserve dans un récipient étanche : leur parfum est encore plus agréable que celui des fleurs fraîches.
Vous pouvez encore cueillir en hiver les feuilles de cet arbuste persistant : elles seront un peu plus coriaces, mais avec une saveur encore plus forte. La sauge, âcre et chaude, parfume les viandes blanches, les poissons, les sauces, les farces, la charcuterie, les légumes, les plats à base de fromage et les soupes. Elle neutralise l'acidité du coulis de tomates, aromatise les vins.
Une infusion de sauge est stimulante, digestive et conseillée contre la toux et la grippe, en gargarismes et bains de bouche.

# Les thyms

## [ Senteurs de garrigue ]

**Nom latin :** *Thymus vulgaris*
**Famille :** Lamiacées
**Hauteur :** 20 à 30 cm
**Floraison :** été
**Exposition :** soleil
**Type :** vivace

Cette famille comprend de nombreuses plantes différentes qui poussent naturellement dans les garrigues du Bassin méditerranéen : les thyms proprement dits forment des touffes compactes, au port dressé, d'environ 30 centimètres de hauteur, tandis que les serpolets restent au ras du sol.
Les petites feuilles étroites, grisâtres, de ces vivaces ligneuses sont persistantes, portées par de nombreux rameaux, et dégagent un parfum d'autant plus fort qu'elles sont baignées par le soleil. Des petites fleurs colorées s'épanouissent en été à l'aisselle des feuilles qui sont placées au sommet des tiges. Qu'elles soient naturelles ou créées par hybridation, de nombreuses variétés sont disponibles auprès des professionnels. Elles diffèrent par leur hauteur, leur port, leurs fleurs, leur parfum, et permettent d'installer de véritables collections de thyms au jardin ou en pot.

### Ils poussent vite et bien partout

Les thyms, connus en Provence sous le nom commun de farigoule, sont particulièrement faciles à cultiver et se contentent de presque rien : un peu de terre et surtout beaucoup de soleil ! Ce qu'ils n'aiment pas : l'ombre, les vents froids et un sol lourd qui reste humide.
Vous pouvez semer le thym au printemps, en pépinière ou tout de suite en place, ou bien repiquer des plants achetés en godet.
Si les hivers ne sont pas trop froids et humides, vous pouvez les mettre en place à l'automne.
L'entretien est simple : une taille tous les ans pour maintenir une belle forme de coussin, et une division des touffes pour rajeunir et multiplier une plante déjà bien développée.
Les thyms forment des bordures odorantes : en les surélevant de 20 centimètres par rapport à l'allée, vous permettrez à l'eau de bien s'écouler, évitant ainsi que les touffes ne gardent en hiver les pieds humides. Quant aux serpolets, ils sont intéressants comme plantes couvre-sol.
Les thyms se cultivent très bien en pot, et vous pouvez là aussi jouer la carte de la collection en réunissant côte à côte un bel assortiment de variétés différentes. Mettez-les dans un sol pauvre et bien drainé : ils perdent de leur parfum et de leur vigueur dans des mélanges trop riches. Placez-les au soleil, taillez après la floraison, et entreposez à l'abri si l'hiver se montre très rude.

### La plante qui purifie

*Le thym, ou farigoule, pousse à l'état sauvage dans les garrigues sèches et rocailleuses du Midi, en Espagne, au Portugal, mais les autres espèces ont des origines plus diverses puisqu'elles se rencontrent jusqu'au Groenland et en Asie occidentale.*
*Le thym est connu comme plante aromatique depuis l'Antiquité : les Égyptiens s'en servaient pour embaumer leurs morts, les Grecs en parfumaient l'eau de leurs bains et l'air de leurs temples ; les Romains en purifiaient leurs maisons.*
*L'usage s'est ensuite largement répandu en Europe : au Moyen Âge, le thym était l'une des herbes entrant dans la composition des petits bouquets que l'on gardait sur soi pour masquer les mauvaises odeurs et se préserver des maladies. La liqueur du parfait amour date de cette époque : faites macérer des branches de thym pendant 15 jours dans 2 litres de vin de Frontignan, puis ajoutez de la noix de muscade, de la cannelle et un zeste de citron.*

### Du soleil dans les plats

Les feuilles et jeunes pousses de thym se récoltent de préférence le matin, toute l'année puisque la plante est persistante, mais elles seront moins parfumées en hiver.
Elles s'utilisent fraîches, séchées ou congelées. Vous pouvez aussi choisir les pousses fleuries, qui donneront de la couleur et une saveur particulière à vos plats. Voici de quoi parfumer grillades, ragoûts et plats en sauce, poissons et légumes, fromages de chèvre ou, plus original, un sorbet.
Une décoction de thym, contre-indiquée cependant aux femmes enceintes, soulage les douleurs musculaires, et les bains au thym sont stimulants. Doué de propriétés antiseptiques, le thym est employé en parfumerie et entre dans la composition de savons et d'eaux buccales.

# Des effluves d'agrumes

**Nom latin :** *Lippia citriodora* ou *Aloysia triphylla*
**Famille :** Verbénacées
**Hauteur :** 1 à 3 m
**Floraison :** juillet – septembre
**Exposition :** soleil
**Type :** arbuste

Cette verveine est un arbuste de croissance rapide, qui peut atteindre 2 à 3 mètres de hauteur. Ses tiges droites et ligneuses se ramifient en d'étroites branches qui portent sur toute leur longueur, regroupées par trois, des feuilles entières, de forme lancéolée. Vert jaunâtre, un peu rugueuses, caduques en hiver, elles dégagent pendant la belle saison un fort parfum de citron qui vaut à la plante son qualificatif de verveine citronnelle ou verveine odorante. Mais c'est la réunion des feuilles par groupes de trois qui explique son nom d'espèce en latin : *triphylla*.
En été, de juillet à septembre, l'extrémité des tiges se pare de toutes petites fleurs blanches, violettes ou rougeâtres, qui forment de longues grappes sans grand intérêt esthétique.
Cette plante semi-rustique, qui a l'avantage de sentir bon, se cultive essentiellement dans un but décoratif, mais ses feuilles peuvent aussi être utilisées comme aromate dans la cuisine, tandis que l'huile qui en est extraite sert en parfumerie et en phytothérapie.
À ne pas confondre avec la verveine officinale, beaucoup plus petite, aux feuilles très découpées à partir desquelles se préparent d'excellentes tisanes.

### À mettre bien à l'abri...

La verveine citronnelle est une plante semi-rustique qui demande une situation chaude et abritée pour donner le meilleur d'elle-même, ainsi qu'un sol frais et fréquemment arrosé en été. Si elle préfère un terrain bien drainé et légèrement enrichi, elle ne se plaindra pas trop d'une terre relativement médiocre. Cependant, avec l'âge elle devient de plus en plus sensible au gel.
Au jardin, la verveine demande à être nettoyée de ses brindilles au printemps.
Vous pouvez la multiplier par semis, par division des éclats de la plante ou par marcottage, mais le bouturage, en revanche, se montre un peu délicat.

### ... ou à rentrer en hiver

Dans les régions clémentes, installez un pied de verveine citronnelle sur un lieu de passage proche de la maison, pour profiter des effluves qui s'en dégagent au moindre contact, et qui éloignent, paraît-il, les moustiques.
Au nord de la Loire, cultivez plutôt votre verveine en pot : vous la laisserez à l'extérieur pendant l'été et la rentrerez dans la maison dès qu'il commencera à faire froid.

**Verveine et verveine**

*Les* Aloysia, *dont on connaît une bonne trentaine d'espèces, sont toutes originaires d'Amérique. Celle-ci, à forte odeur citronnée, vient plus précisément du Chili, et son deuxième nom latin, lippia, est un hommage au botaniste français du XVII<sup>e</sup> siècle, M. Lippi.*
*Rien à voir, donc, si ce n'est le nom français, avec la verveine officinale, du genre cette fois* Verbena, *qui était l'herbe sacrée des Romains, puis des druides, à laquelle était attribuée la vertu de réunir les cœurs désunis.*
*En latin, ce mot désignait des rameaux portés en couronne par les prêtres, et les herbes sacrées avec lesquelles le roi frappait symboliquement un traité.*
*Il aurait pour origine l'association de* verbos, *« coup », et* herba, *ensemble qui peut se traduire par « herbe des coups ».*

Mais attention aux brusques écarts de température qui lui font perdre ses feuilles trop vite. Pour lui assurer une bénéfique période de repos, taillez-la à une vingtaine de centimètres de hauteur et arrosez très peu et rarement.

# Les étonnantes

# Le cosmos chocolat

## [ Une pointe de cacao amer ]

**Nom latin :** *Cosmos atrosanguineus*
**Famille :** Astéracées
**Hauteur :** 60 à 80 cm
**Floraison :** de juillet aux gelées
**Exposition :** soleil
**Type :** vivace

Sa couleur, d'un pourpre velouté aux reflets noirs, pourrait lui valoir à elle seule son surnom, mais cette fleur a aussi l'originale caractéristique de dégager des effluves de chocolat amer.

Cette belle composée est devenue au cours de ces dernières années une star de nos jardins, curiosité dont ne se lassent pas les amateurs de plantes parfumées.

C'est une vivace dont les tiges élancées, brun-rougeâtre, se dressent haut avant d'étaler tardivement une grosse touffe de feuilles découpées comme celles des dahlias.

Ces tiges fines portent tout l'été ces fleurs qui forment comme une coupe de pétales soyeux couleur chocolat, régulièrement disposés autour d'un cœur de minuscules fleurons d'un brun encore plus foncé.

### Chocolat pas glacé

Ce cosmos est une plante tubéreuse, à installer au printemps dans un sol de jardin plutôt riche, ni trop sec ni trop humide, bien drainé, à un emplacement qui reçoit une bonne dose quotidienne de soleil. En faisant démarrer ce bulbe au chaud dès le mois de mars, vous vous donnerez de meilleures chances de réussite.

Pendant toute la floraison, qui pourra se poursuivre jusqu'aux premières gelées, supprimez au fur et à mesure les corolles fanées : vous hâterez ainsi l'épanouissement de nouvelles fleurs.

Originaire du Mexique, au climat tropical, le cosmos chocolat est une plante frileuse. Protégez-la sous une bonne couche de paillage dès le mois d'octobre. Il est même préférable, en-dehors des régions aux conditions climatiques privilégiées, de déterrer et de rentrer ses tubercules à l'abri, tout comme on le fait pour les dahlias.

### Une touche de brun

Dans un massif, dans une bordure, ou encore dans de grands pots, vous mettrez ces cosmos en valeur en leur donnant pour voisines des fleurs lumineuses, dans les tons jaunes ou orangés, comme des asclepias ou des coreopsis. Le contraste est agréable également avec des plantes à feuillage gris comme les armoises ou bleuté comme les fétuques.

**Des plantes au parfum de chocolat**

*La cosmos chocolat est une curiosité, mais si vous aimez ces effluves cacaotés dans votre jardin, vous les retrouverez diffusés par certains iris comme le 'Black Out', le 'Night Ruler' ou encore le 'Bar de Nuit', tous trois aux pétales très foncés, presque noirs… comme du chocolat.*

# Effluves de vanille

**Nom latin :**
*Clematis montana*
**Famille :**
Renonculacées
**Hauteur :** 8 à 10 m
**Floraison :**
mai – juillet
**Exposition :** soleil
**Type :** grimpante

La clématite des montagnes est une plante vigoureuse, très florifère, dont les tiges ramifiées et sarmenteuses, c'est-à-dire longues et flexibles, portent des feuilles à trois folioles, dentées, ovales et pointues. Ces feuilles, caduques en hiver, sont presque pourpres au printemps, puis prennent une teinte d'un vert intense sur le dessus, plus clair au-dessous.
Une multitude de petites fleurs blanches ou roses, formées de quatre sépales en croix, au cœur desquels émergent de longues étamines jaunes, s'épanouissent de fin avril à juillet, au sommet d'un long pédoncule, en dégageant un discret parfum de vanille.
La clématite des montagnes *Clematis montana rubens* est une superbe variété naturelle dont le rose des fleurs est plus ou moins intense, et à partir de laquelle ont été sélectionnés d'autres cultivars encore plus colorés comme 'Rubens Superba'. Les fleurs de 'Tetrarose' sont plus grandes et carrément pourpres, et celles de 'Mayleen' blanches.

## Une floraison spectaculaire

Le pied à l'ombre et la tête au soleil : la clématite des montagnes n'échappe pas à cette règle d'or propre à la culture des clématites. Plantez-la en automne ou en fin d'hiver au pied d'un mur ou d'une pergola, qu'elle garnira en peu d'années sur des surfaces impressionnantes.
Un sol enrichi d'un bon amendement facilitera la pousse et la floraison de votre clématite, que vous n'oublierez pas d'arroser fréquemment en période chaude.
Ne taillez que légèrement les rameaux pour limiter la végétation, car les fleurs de cette espèce s'épanouissent sur le bois de l'année précédente. Et soyez patient : les jeunes plantes fleurissent l'année de plantation, mais il faut bien attendre trois ou quatre ans avant que cette floraison ne devienne vraiment spectaculaire.

## Cousine d'Asie

*Découverte dans les hautes montagnes de l'Himalaya, la clématite des montagnes fut introduite en Europe en 1831.*
*Mais dans cette vaste famille, certaines espèces sont spontanées dans nos campagnes et vivent encore à l'état sauvage sur les talus : c'est le cas de la clématite des bois ou clématite des haies,* Clematis vitalba, *à l'abondante floraison blanc crème, qui n'est cultivée que pour servir de porte-greffe.*
*Cette clématite était autrefois connue sous le nom d'herbe aux gueux : ses feuilles fraîches pilées et appliquées sur la peau agissent comme des vésicatoires.*
*Les gueux, au Moyen Âge, s'en couvraient les jambes pour attirer les aumônes, tout en étant vite guéris de ces ulcères superficiels.*
*On l'appelait aussi « berceau de la vierge » : on en couvrait les tonnelles pour profiter de sa verdure et de son abondante floraison odorante.*

## Une grimpante pleine de vigueur

Cette plante grimpante très vigoureuse et qui croît rapidement demande un support solide : vous pouvez la faire grimper par exemple sur le tronc d'un grand arbre, et tenir son pied à l'ombre en l'abritant d'un petit massif de plantes vivaces basses, géraniums ou hostas, ou d'un arbuste bien placé.
Ou bien utilisez cette plante particulièrement florifère pour garnir un mur, une pergola ou une grille, en l'associant avec d'autres grimpantes, un rosier par exemple d'un beau rouge, ou une glycine bleue.

# Les céanothes

## Des cousins du lilas

Ces arbustes ou arbrisseaux, caducs ou persistants, sont également connus sous le nom de lilas de Californie. Ils se couvrent au printemps ou en été de panicules de fleurs dans toutes les nuances de bleus, quelquefois roses ou blanches. La plupart diffusent à leur proximité un parfum doux et miellé qui attire les abeilles.

Les feuilles des céanothes sont opposées ou alternes, arrondies, généralement dentées. Elles sont de dimensions variables, plutôt petites, d'un vert foncé brillant chez les espèces persistantes, plus grandes et plus claires chez les caduques.

Les *Ceanothus x delilianus* fleurissent en été et perdent leurs feuilles en hiver : le plus célèbre est peut-être 'Gloire de Versailles', particulièrement intéressant par l'abondance de ses fleurs bleu ciel qui se succèdent jusqu'à l'automne. Les fleurs de 'Topaz', autre variété de la même espèce, sont plus violacées.

Le *Ceanothus arboreus* 'Trewithen Blue' est très parfumé également : il fleurit plus tôt, au printemps, et garde toute l'année ses grandes feuilles dentelées, vert foncé et brillantes.

**Des fils de l'Oncle Sam**

*Ce terme de céanothe est une déformation de* Keanothus, *mot qui était employé par le philosophe grec Théophraste pour désigner une plante épineuse.*
*Mais nos céanothes n'ont en fait rien à voir avec l'Antiquité classique : ces arbustes sont originaires d'Amérique du Nord, surtout de Californie et des montagnes du Mexique, et ne sont donc connus des Européens que depuis quelques siècles.*
*Ils doivent leur surnom de lilas de Californie à ces belles grappes bleues qui évoquent celles de notre lilas traditionnel.*
*C'est un genre actuellement à la mode, qui correspond bien aux tendances des arbustes les plus appréciés, et dont vous devriez pouvoir trouver sans problème un assortiment de variétés.*
*Les nuances de bleus sont très modulées : choisir vos céanothes en conteneur déjà en fleur vous permettra de juger à l'avance des coloris.*

### Au chaud et à l'abri

Les céanothes préfèrent un sol riche et léger, profond, bien drainé. Ils supportent le calcaire, mais dans un sol trop crayeux ils risquent tout de même de manifester des signes de chlorose.
Le soleil est pratiquement indispensable pour toutes ces espèces, qui acceptent à la limite une ombre très légère.
Les céanothes à feuilles caduques supportent jusqu'à – 12 °C, mais les persistants sont beaucoup plus frileux.
Ces arbustes ne demandent qu'une simple taille de nettoyage, après la floraison pour ceux qui fleurissent au printemps, au printemps suivant pour ceux qui fleurissent en été.
Elle permettra d'induire pour la saison suivante une abondante floraison. Si l'arbuste a gelé, rabattez-le au ras du sol. Sa croissance est rapide, mais il est bon de lui apporter de l'engrais chaque année au printemps.

### Des arbustes de bonne composition

Les céanothes sont intéressants dans les jardins de ville, car ils ont la réputation de bien supporter la pollution. C'est une plante idéale également pour les jardins au climat doux et atlantique. Installez-les isolés ou en massif, associés à des rosiers à fleurs blanches, jaunes ou rouges, à des vivaces, à des conifères nains, ou encore à d'autres arbustes dans des haies composées. Ils se prêtent bien au palissage contre un mur ensoleillé. Vous pouvez dans ce cas les marier à des clématites. Les céanothes peuvent également être cultivés en bac, sur une terrasse bien exposée.

**Nom latin :** *Ceanothus sp.*
**Famille :** Rhamnacées
**Hauteur :** 2 à 5 m
**Floraison :** printemps ou été
**Exposition :** soleil ou ombre légère
**Type :** arbuste

# La coronille valentine

## Papillons sucrés

**Nom latin :**
*Coronilla valentina*
**Famille :** Fabacées
**Hauteur :** 1,50 à 2 m
**Floraison :**
printemps et été
**Exposition :** soleil
**Type :** arbuste

Ce petit arbuste tout en légèreté, au port arrondi, est garni de feuilles composées d'une dizaine de folioles presque ovales mais tronquées à leur sommet, ce qui leur donne un peu une forme de cœur allongé.
Elles sont d'un vert vif, et persistantes.
La sous-espèce glauque, *Coronilla valentina glauca*, se caractérise quant à elle par des feuilles d'un vert gris bleuté, vraiment bleuté sur les jeunes pousses.
De mars à juin, puis de nouveau en août et septembre quoique de façon un peu moins somptueuse, la coronille se couvre d'une multitude de bouquets de petites fleurs jaune vif en forme de papillons, qui exhalent dans la journée une senteur assez lourde et sucrée.
Si on les laisse mûrir, elles vont se transformer en fines gousses allongées.
Plusieurs variantes nuancent cette description : la variété 'Citrina' porte des fleurs d'un jaune beaucoup plus pâle, et 'Variegata' des feuilles panachées, bordées de blanc crème.
Les autres espèces de coronille, notamment la coronille des jardins, ont également une très belle floraison, mais sans parfum.

### Une place au soleil

Les coronilles, originaires d'Europe et du nord de l'Afrique, principalement tout autour du bassin méditerranéen, vivent spontanément dans les prairies, en lisière des forêts, ou sur les falaises. Installez-les dans votre jardin, de préférence à l'automne, dans un sol ordinaire, bien drainé, sec et caillouteux, même calcaire. Choisissez-leur un emplacement au soleil, bien à l'abri des vents froids et desséchants.
N'hésitez pas, même, à les installer à l'endroit le plus chaud de votre jardin, car elles ne sont que moyennement rustiques. En revanche, elles supportent très bien la sécheresse.
Une simple taille de formation est suffisante pour assurer sa forme à l'arbuste. En taillant les vieilles tiges pendant l'hiver, vous favoriserez aussi l'apparition des jeunes pousses au feuillage bleuté.

### Une bonne compagne

Vous pouvez mêler vos coronilles à d'autres arbustes dans ce que l'on appelle une haie libre, c'est-à-dire une association subtile et harmonieuse de différentes espèces, évoquant les haies sauvages des bocages.

**Petite couronne de papillons**

*Ce nom de coronille fait allusion à la forme de l'inflorescence qui dessine une petite couronne. Mais la configuration tout à fait particulière des petites fleurs qui la composent leur vaut d'appartenir à la sous-famille des papilionacées.*
*Les corolles de ces fleurs rappellent effectivement la conformation d'un papillon. Elles sont composées de cinq pétales plus ou moins soudés : le pétale dorsal, dressé, est appelé l'étendard, les deux pétales latéraux les ailes, et les deux pétales inférieurs ventraux, plus ou moins soudés le long de leur bord contigu, forment la carène.*
*Les genêts, la glycine, mais aussi les haricots, les pois, les lentilles, et encore le soja ou l'arachide, la luzerne et le trèfle appartiennent à cette grande famille botanique.*

Mais rien ne vous empêche de les grouper en massif, pour garnir un talus sec ou une rocaille. Ou encore en palissage sur un mur chaud.
Aimant les situations sèches et chaudes, vos coronilles formeront une belle association avec d'autres arbustes de soleil comme des romarins, des armoises ou encore des lavandes.

# Le crocus safran

## Un cœur d'or épicé

Le safran fait partie de la famille des crocus des jardins, dont certains s'épanouissent au tout début du printemps, d'autres, comme celui-ci, à l'automne.
Après que ses grandes fleurs mauve foncé, nervurées de violet pourpre, se sont épanouies (une à quatre, ou même parfois cinq par plant) émergent une dizaine de longues et étroites feuilles. Elles sont creusées en gouttière, présentant une face supérieure vert foncé, plus clair sur la face inférieure.
Chacune des fleurs possède trois étamines et des grands stigmates orange vif, qui dégagent une forte odeur aromatique. Récupérés en début de floraison en septembre et octobre, ce sont eux qui sont séchés pour donner le safran, l'une des plus chères épices qui soient : environ 2 300 euros le kilo. Il est vrai que la préparation de celui-ci aura exigé la cueillette de quelque 140 000 fleurs.
Il existe également des variétés de safran à fleurs blanches dont l'intérêt, cette fois, est simplement ornemental.

### Une épice réputée

*Le mot safran vient du mot persan* safra, *qui signifie jaune. Chez les Hébreux, cette épice était appelée* karkom, *et c'est ce mot qui, devenu* krokos *en grec, s'est transformé ensuite en crocus.*
*À Rome, le safran était employé pour colorer les tuniques, arroser le sol des théâtres et des salles de festin, ou encore pour être jeté sous les pas de l'empereur ou sur la couche des jeunes mariés. Ce sont les Arabes qui introduisirent sa culture en Espagne au X^e^ siècle, et ce pays en est resté le premier producteur mondial, avec encore 10 000 hectares de culture.*
*Au XVI^e^ siècle, le safran jouissait dans toute l'Europe d'une réputation considérable, et un Office à Venise en réglementait les cours. La France ne fut pas de reste, avec une culture importante dans le Midi, puis dans le Gâtinais et la Normandie, peu à peu abandonnée dans les années 1900.*

### Une situation bien abritée

Les bulbes de safran, qui mesurent de 2 à 3 centimètres de diamètre, se plantent de juin à septembre, au moins à 10 centimètres de profondeur, dans une terre riche et sablonneuse, fraîche et bien drainée. Ils exigent une situation bien abritée, affectionnant tout particulièrement les étés chauds et secs et les automnes doux et pluvieux.
Après la floraison, le bulbe meurt, remplacé par des petits bulbes annexes qui vont prendre la relève. C'est le seul moyen de multiplication de cette plante dont les fleurs sont stériles.

### Taches mauves dans l'herbe verte

Dans les jardins, le safran forme de jolies bordures ou égaye à l'automne plates-bandes et gazons. Il faut simplement veiller, dans ce cas, à les contourner avec la tondeuse, et ne pas laisser les bulbes en place plus de 5 ans au risque de les voir dégénérer.
Vous pouvez aussi en garnir, seuls ou en accompagnement de plantes vivaces, de grands pots remplis d'un mélange de terreau et de sable, avec dans le fond une couche de billes d'argile pour assurer un bon drainage.
Et pourquoi ne pas vous amuser de cette culture pour préparer votre safran maison : à l'automne, prélevez les trois précieux stigmates de chaque fleur en les tirant d'un coup sec, puis faites-les sécher au frais et à l'ombre.

**Nom latin :**
*Crocus sativus*
**Famille :** Iridacées
**Hauteur :** 10 à 20 cm
**Floraison :** automne
**Exposition :** soleil ou mi-ombre
**Type :** bulbeuse

L'onagre

# Douceur de soir d'été

**Nom latin :** *Oenothera sp.*
**Famille :** Onagracées
**Hauteur :** 70 cm à 1,20 m
**Floraison :** juillet à octobre
**Exposition :** soleil
**Type :** annuelle ou vivace

Les hautes tiges dressées et hérissées de petits poils fins de l'onagre, connu également sous le nom d'œnothère (ou énothère), portent des rosettes de longues feuilles lancéolées, légèrement collantes, dont le vert est parfois veiné de rouge.
Pendant tout l'été, s'y épanouissent des grappes de grosses fleurs, d'abord jaune pâle, puis jaune d'or beaucoup plus foncé. Ces coupes formées par quatre grands pétales, satinés et translucides, s'ouvrent le soir, exhalant une odeur très douce d'agrume.
À la suite de ces fleurs, éphémères mais qui se succèdent sans relâche de juillet jusqu'aux gelées, apparaissent des fruits qui catapultent leurs graines un peu partout dans le jardin.

## Une plante du Far-West

Cette rustique, originaire d'Amérique du Nord, s'est largement naturalisée dans le reste du monde. Elle se contente de sols pauvres même caillouteux, ne craignant que les excès d'humidité. C'est une plante parfaite pour garnir les talus ensoleillés, notamment en bord de mer, ou pour habiller les fonds de massifs. Selon les espèces, les onagres sont des plantes vivaces, annuelles ou bisannuelles : semées en septembre, elles embelliront l'été suivant ; semées en mars, elles parviennent à fleurir la même année mais un peu plus tard en saison. Leur seul défaut est de devenir un peu trop envahissantes.

## Une famille aux nombreuses ressources

Plusieurs espèces dans cette famille ont des fleurs parfumées. Outre cet *Oenothera biennis,* vous trouverez par exemple *O. speciosa* qui garnit tout l'été ses tiges arquées de grandes fleurs solitaires blanches et virant au rose, ou encore *O. albicaulis* qui se reconnaît à ses tiges hérissées de poils blancs.

**L'huile d'onagre**

*Cette plante curieuse, introduite en Europe entre 1610 et 1620, n'est pas seulement décorative mais peut être également appréciée en tant que légume : ses jeunes feuilles peuvent se manger crues, en salade, et ses racines cuites, préparées comme des salsifis.*
*De ses graines, renfermées dans de longues capsules, on peut extraire une huile dont les vertus médicinales et diététiques sont connues depuis longtemps. Elle permet par exemple de rajeunir les peaux fatiguées, de soigner l'eczéma ou d'adoucir les petits maux féminins.*

# Les daphnés

## Pour rocaille parfumée

**Nom latin :**
*Daphne sp.*
**Famille :**
Thyméléacées
**Hauteur :**
20 cm à 1,20 m
**Floraison :** février ou mai – juin
**Exposition :** soleil ou mi-ombre
**Type :** arbuste

Les daphnés sont des petits buissons vivaces, aux rameaux flexibles plus ou moins dressés. Ils portent des feuilles simples et entières, sans pétiole ou avec un pétiole très court, vert foncé sur leur face supérieure, un peu bleutées au revers. Elles sont caduques ou persistantes, souvent groupées en faisceaux au sommet des pousses de l'année.
Dès février pour certaines espèces, en mai et juin pour les autres, avec souvent une remontée en septembre, les daphnés se couvrent d'une abondance de petites fleurs, généralement réunies en ombelles compactes ou en épis allongés au sommet des branches. Elles ont une forme de tube, terminé par quatre lobes, et leur couleur varie du rose carmin au rouge sombre, mais elles peuvent aussi être blanches ou jaunes.
Les fleurs de daphnés sont souvent très parfumées, exhalant des senteurs épicées et poivrées qui évoquent le jasmin ou la jacinthe, et qui sont plus agréables à percevoir dans l'air ambiant qu'à respirer de près. Par ailleurs, les fleurs foncées sont plus odorantes que les plus claires.

### Un sol toujours frais

À l'automne, ou au début du printemps dans les régions où le froid risque d'être intense, plantez vos petits arbustes de daphné dans un sol légèrement calcaire, riche en humus et parfaitement drainé, éventuellement allégé par un apport de sable.
Installez-les au plein soleil ou à mi-ombre, le daphné bois joli, par exemple, préfère cette dernière situation. Pendant l'été, conservez la fraîcheur du sol en arrosant régulièrement et fréquemment.
Choisissez de jeunes sujets : les daphnés poussent rapidement et prendront vite leur place au jardin. Plus développés, ils risquent d'avoir du mal à bien s'installer.
Vous pourrez les multiplier par boutures à la fin du printemps, mais ce sont des arbustes qu'il est inutile de tailler.

### Une plante de rocaille

C'est une plante très décorative pour les rocailles pas trop sèches. Mélangez-la à une autre espèce couvre-sol pour protéger son pied de la chaleur et de la sécheresse estivale. Si vous choisissez le daphné bois joli, qui fleurit à la fin de l'hiver, installez-le

**Bois joli et parfum d'hiver**

*Plusieurs espèces de daphnés, ces petits arbustes dont le nom rappelle la nymphe de la mythologie grecque qui fut changée en laurier, sont proposées au jardinier.* Daphne mezereum *est le plus connu, et porte aussi les noms de bois joli ou bois gentil : ses fleurs apparaissent dès février sur le bois nu, avant même les feuilles, véritables annonciatrices du retour du printemps.*
Daphne odora *est peut-être le plus parfumé : ses fleurs blanc et rose lilas s'épanouissent aussi en fin d'hiver embaumant un arbuste au port arrondi et aux feuilles persistantes. Celles-ci sont bordées de jaunes dans la variété 'Aureomarginata'.*
Daphne cneorum *est la thymélée des Alpes, un petit arbuste très étalé, dont les gros glomérules de fleurs roses ou blanches s'épanouissent cette fois en mai et juin, et réapparaissent même à la fin de l'été.*
Daphne x burkwoodi *fleurit de même façon. La variété la plus connue, 'Somerset', porte des fleurs blanches légèrement rosées.*

à proximité de la maison, contre un mur exposé à l'est pour profiter au maximum de ses effluves.
Évitez la culture des daphnés si vous avez de jeunes enfants : toutes les parties de cette plante, et surtout les fruits, sont très toxiques en cas d'ingestion.

# Le jasmin blanc

## Parfum du soir

**Nom latin :**
*Jasminum officinale*
**Famille :** Oléacées
**Hauteur :**
jusqu'à 10 m
**Floraison :**
juin – septembre
**Exposition :** soleil
**Type :** grimpante

Le jasmin est un arbuste volubile qui s'enroule vigoureusement de lui-même autour de son support. Ses branches vertes et anguleuses portent des feuilles opposées, opaques et molles, qui tombent en hiver. Leurs folioles, au nombre de cinq à neuf, ont une pointe longue et fine.
Parmi les nombreuses espèces, dont peu en fait peuvent être cultivées dans les jardins, est le vrai jasmin, appelé aussi jasmin blanc ou jasmin officinal, qui présente le plus d'intérêt.
Doté d'un feuillage léger et vert tendre, originaire des montagnes de l'Asie centrale, c'est le plus rustique, et celui également qui a la plus longue floraison.
Rosées en boutons, ses fleurs d'un blanc très pur, petites étoiles au bout d'un long tube, sont réunies en bouquets à l'extrémité des pousses et des rameaux secondaires, et embaument tout l'été : de juin à septembre, leur parfum séduisant, suave et sucré, porte loin, en particulier le soir.

### Le plus de soleil possible

Plantez votre jasmin dans une terre légère, riche en humus, pas trop humide, dans un endroit chaud et ensoleillé, à l'abri des courants d'air, sur une tonnelle ou une pergola, contre un pilier ou une façade, une clôture ou un arbre.
Arrosez régulièrement et apportez un engrais liquide, peu azoté, deux fois par mois.
Rabattre et éclaircir les jasmins après leur floraison peut induire une remontée et favorise de toute façon celle de l'année suivante. Vous les nettoierez simplement des branches mortes à la fin de l'hiver.
Si votre jasmin a gelé, coupez les tiges jusqu'à la partie restée saine.

### Senteurs mêlées

Dans cette espèce des jasmins officinaux, vous pourrez trouver plusieurs variétés, toutes aussi odorantes mais qui diffèrent par la taille de leurs fleurs : celles d''Affine', appelé aussi jasmin d'Espagne, sont plus grandes et plus nombreuses, avec des corolles teintées de rose à l'extérieur. Elles peuvent aussi se parer d'un feuillage original, comme celui d''Aureum' qui est panaché doré.

**Un parfum d'amour**

*« Jasmin » vient du mot arabo-persan* yasmin*, qui signifierait « fleur blanche », allusion toute logique à la couleur de sa floraison.*
*Parmi les nombreuses espèces, que l'on trouve aussi bien en Europe qu'en Asie et en Afrique, le jasmin blanc viendrait des montagnes de l'Asie.*
*Il aurait été introduit depuis la Perse en France au milieu des années 1500.*
*On peut donc bien parler d'un parfum d'Orient, un peu entêtant. Il paraît que Madame du Barry aimait cette odeur engageante, qui évoquait l'amour et dont elle usait beaucoup dans le décor des soupers fins qu'elle organisait pour le Roi.*
*Aujourd'hui, le jasmin fait partie, avec la rose, des essences les plus nobles de la parfumerie.*
*Les deux espèces utilisées sont le jasmin d'Espagne, c'est-à-dire le jasmin blanc 'Affine' appelé aussi* grandiflorum *et, dans une moindre mesure, le jasmin sambac, originaire d'Arabie.*

Vous pouvez associer votre jasmin à d'autres grimpantes, par exemple des clématites ou des rosiers grimpants à petites fleurs.
Vous pouvez également le placer derrière des buissons d'armoise dont la senteur se marie bien avec ses propres effluves.
Les jasmins se cultivent aussi en bac. C'est une solution particulièrement intéressante pour les espèces d'origine tropicale ou méditerranéenne, que vous pourrez alors rentrer en serre pendant l'hiver.

# Élégamment paresseux

**Nom latin :** *Osmanthus sp.*
**Famille :** Oléacées
**Hauteur :** 1 à 2,50 m
**Floraison :** printemps, été ou automne
**Exposition :** soleil
**Type :** arbuste

Les osmanthes sont des arbustes pleins de charme mais qui poussent très lentement. Ils portent, de façon persistante, des feuilles entières et opposées, lancéolées, coriaces et luisantes, vert foncé.
Les petites fleurs blanc crème, tubulées à quatre lobes, sont réunies en bouquets minuscules à l'aisselle des feuilles.
Selon les espèces, elles s'épanouissent au printemps, en été ou à l'automne, répandant des senteurs qui évoquent le jasmin, le miel ou la mandarine.
Plusieurs espèces se distinguent par leur taille :
*Osmanthus x burkwoodii* est un arbuste compact et globuleux, au port dressé, qui grimpe assez haut. Il porte des feuilles pointues et des grappes de petites fleurs blanches au printemps.
*Osmanthus delavayi*, ou osmanthe de Delavay, reste plus compact, ses feuilles sont encore plus petites, finement dentées, et ses fleurs blanches, qui s'épanouissent au printemps également, sentent le jasmin.
*Osmanthus fragrans* est un vigoureux arbuste bien dressé. Il porte en juillet des fleurs beaucoup moins spectaculaires, mais qui sont également très parfumées, dégageant une curieuse odeur fruitée.
*Osmanthus heterophyllus* a un feuillage épineux comme le houx. Ses petits bouquets de fleurs blanches attendent cette fois l'automne pour embaumer les jardins d'un parfum presque enivrant. Selon les variétés, son feuillage est uni, panaché ou légèrement pourpre.

## À l'abri du vent

Plantez vos arbustes au tout début du printemps ou, de préférence, à l'automne, mais ne soyez pas trop pressé : il leur faut bien deux années pour s'installer.
Ils ne sont pas très rustiques, et vous leur assurerez les meilleures conditions en les installant dans une terre de jardin ordinaire, fertile et bien drainée, même calcaire, mais surtout à une exposition ensoleillée, et à l'abri des vents froids du nord et de l'est.
Taillez l'osmanthe au printemps et en automne pour étoffer l'arbuste quand il a tendance à se dégarnir et pour lui redonner une belle forme.

## Un symbole en Chine

*Dans les jardins de l'ancienne Chine, il était coutumier de reconstituer tout un paysage sur un petit espace. Les plantes choisies y avaient valeur de symboles : bambous, pruniers, pivoines, lis, roses, jasmins d'hiver, magnolias… et osmanthes qui y avaient également leur place.*
*Ils composaient des salons de verdure, dans lesquels on recevait ses amis pour déguster le thé parfumé de leurs fleurs.*
*Le nom botanique et le nom français de ces arbustes, identiques, sont le reflet de sa principale qualité : il vient tout simplement de l'association des deux mots grecs* osmê, *« odeur », et* anthos, *« fleur » !*

## Des haies touffues et odorantes

Voici l'un des arbustes de jardin les plus parfumés, et pourtant très peu cultivé aujourd'hui.
Il pousse lentement, certes, mais une fois la place prise, il ne demande que peu d'entretien et assure un décor permanent avec son feuillage persistant. L'osmanthe est un arbuste idéal pour former de jolies haies touffues et odorantes, mais assurera également un bel effet décoratif en étant planté isolé, en groupe ou en massif, à l'abri de buissons plus importants.

Vous pouvez cultiver l'osmanthe de Delavay, dont le port est plus compact, dans un grand bac, au pied d'un mur sur lequel vous le palisserez.
Les osmanthes se prêtent également très bien à la formation de topiaires. Ils sont d'ailleurs souvent comparés aux buis.

# *Le phlox à macule*

## Une touche de poivre

**Nom latin :**
*Phlox maculata*
**Famille :**
Polémoniacées
**Hauteur :**
80 cm à 1,20 m
**Floraison :**
juillet à septembre
**Exposition :**
mi-ombre
**Type :** vivace

Voici des fleurs somptueuses dans leur simplicité sauvage : leurs cinq pétales arrondis, bien réguliers, sont roses ou blancs, unis ou rehaussés de rose plus foncé au bord intérieur pour mettre en valeur le petit cœur des étamines. Elles sont réunies en inflorescences allongées, presque cylindriques, qui se balancent au bout de longues tiges, habillées de petites feuilles pointues, vert foncé et brillantes.
Leur parfum est un vrai bouquet d'épices, de prime abord assez poivré, puis nuancé par des notes plus sucrées. Certains aiment, d'autres détestent…
Ce sont les macules qui tachent de pourpre ses grandes tiges droites qui donnent son nom à cette plante vivace originaire des fraîches contrées d'Amérique du Nord.

### Bordures parfumées

Les phlox sont des fleurs d'été, qui apprécient le plein soleil mais en gardant les pieds au frais. Une épaisse couche de paillage peut aider à leur conserver la fraîcheur du sol.
Dans les régions où les étés sont chauds, il est même préférable de les installer en situation mi-ombragée.
Ce sont des plantes gourmandes, qui apprécient une terre riche en humus.
En coupant régulièrement les fleurs fanées, juste sous l'épi flétri, vous amènerez les épis secondaires à s'épanouir à leur tour.

### Un couple heureux : phlox et graminées

Ces vivaces, qui peuvent dépasser un mètre de hauteur, sont idéales pour garnir les bordures, les massifs, ou encore les berges d'un ruisseau ou d'une mare.
Elles s'associent harmonieusement à quantité d'autres fleurs, mais les mariages les plus réussis se font avec des feuillages légers ou des fleurs vaporeuses : graminées, solidagos, asters, renouées, ou encore astilbes, sur fond par exemple de céanothes.

Les viornes

# Senteurs hivernales

**Nom latin :**
*Viburnum sp.*
**Famille :**
Caprifoliacées
**Hauteur :** 1 à 5 m
**Floraison :** hiver, début printemps
**Exposition :** soleil ou ombre légère
**Type :** arbuste

Les viornes sont une grande famille d'arbustes faciles à vivre, qui se couvrent au tout début du printemps – et même au cœur de l'hiver pour certaines espèces – de bouquets de petites fleurs blanches ou roses, formées d'un long tube terminé par cinq lobes arrondis.
La plupart des viornes qui fleurissent en hiver, sur des rameaux encore dénudés, sont délicatement parfumées, mêlant de façon étonnante des notes fleuries à des effluves épicés, perceptibles même par temps froid : certaines sentent la fleur d'oranger, d'autres l'œillet ou le girofle, la vanille ou l'amande.
Les toutes petites fleurs blanches, teintées de rose, de la « boule-de-neige » par exemple, exhalent des senteurs qui rappellent l'héliotrope.
Réunies en bouquets retombants de quelques centimètres de diamètre, elles apparaissent éparpillées sur les rameaux pendant l'hiver, avant qu'ils ne se couvrent de jeunes feuilles ovales, longues et coriaces. La couleur de ces feuilles, en évoluant au fil des saisons, participe au décor de cet arbuste : d'abord d'un beau bronze, elles prennent ensuite une teinte d'un vert franc, avant de virer au pourpre à l'automne.

### Un entretien minimum

Plantez votre viorne dans un sol qui reste en été plutôt frais, et pas trop humide.
Elle s'accommode de tout type de sol, même un peu calcaire, et appréciera de toute façon un bon apport de matière organique au moment de la plantation.
Elle ne se plaint pas d'une ombre relative mais, comme toujours, un emplacement bien ensoleillé lui permettra de mieux exhaler ses effluves parfumés.
Évitez une orientation à l'est pour que le soleil du matin ne fasse pas éclater les bourgeons après une nuit glacée.
Inutile de tailler cet arbuste de pousse assez lente : contentez-vous d'éliminer les rameaux morts et d'équilibrer sa forme au bout de quelques années.

### Naturelle et un peu sauvage

La viorne a un petit côté sauvage et naturel qui s'intègre très bien dans les jardins d'aujourd'hui.
En plantant une viorne ou un massif de quelques pieds près de la porte d'entrée de la maison ou sur un lieu de passage, vous pourrez pleinement apprécier les senteurs

**Une plante attachante**

*Le nom de « viorne », qui regroupe plus de deux cents espèces, est en fait dans le langage courant moins usité que l'appellation botanique de cet arbuste :* Viburnum.
*Ce nom vient du latin* viere, *qui signifie « lier », une appellation qui remonte à Virgile, et qui évoque probablement la grande flexibilité de ses rameaux.*
*Certaines viornes sont très populaires : qui ne connaît la boule-de-neige ou le laurier tin. Toutes cependant ne sont pas odorantes. Les plus intéressantes pour leur parfum sont* Viburnum carlesii *qui embaume l'air printanier,* Viburnum fragrans *aux belles boules de fleurs blanches en hiver, et les variétés hybrides de* Viburnum x burkwoodii.

de sa floraison. Mais réservez-lui un emplacement abrité, le long d'un mur. Les viornes formeront un très joli décor en étant associées à des arbustes à feuillage persistant ou à des conifères. Elles peuvent aussi servir de support à des grimpantes, clématites à grandes fleurs ou pois de senteur, qui vont fleurir après elles. Ou bien encore accompagner des lilas qui dégageront les mêmes tonalités de parfums.

# La pivoine de Chine

## Opulente et fruitée

**Nom latin :**
*Paeonia lactiflora*
**Famille :**
Renonculacées
**Hauteur :**
80 cm à 1 m
**Floraison :** mai
**Exposition :** soleil
**Type :** vivace

La saison de floraison des pivoines herbacées est certes très courte, mais cette brièveté est compensée par la splendeur de celle-ci. Et certaines variétés ont de plus le charme d'appartenir à la famille des fleurs parfumées. C'est le cas de cette variété dédiée à la grande actrice 'Sarah Bernhardt' . Elle est l'image même de la pivoine de Chine telle que l'ont décrite et peinte tant d'artistes amoureux de ces gros pompons romantiques : une touffe opulente de tiges bien érigées, d'amples feuilles vert foncé, et de grosses fleurs roses, ébouriffées et bien pleines, qui exhalent au soleil les délicieux effluves d'une rose de Mai, à laquelle on aurait ajouté des notes fruitées de citron vert.
D'autres variétés sont elles aussi délicatement parfumées, comme la belle 'Mme Boulanger' ou les blanches 'Festiva Maxima' et 'Duchesse de Nemours'.

### Une aristocrate au jardin

Installez votre pied de pivoine dans un sol profond et riche, au soleil, entre septembre et mars s'il est à racines nues, jusqu'en mai s'il est en conteneur. N'enterrez pas trop profondément les souches afin de profiter rapidement de leur floraison. Il faudra ensuite les laisser en place, suffisamment à l'aise pour mettre en valeur leurs précieuses rondeurs. Si la touffe cependant finit par prendre trop de place ou si elle devient trop dense, il est possible de la diviser en fin d'été. Ce sera l'occasion de multiplier ses emplacements au jardin.

### Une pivoine pour chaque jardin

Les pivoines s'accordent à tous les styles de jardin : classiques, romantiques, contemporains… et les paysagistes ne manquent pas d'y recourir. Vous pourrez les mêler à bien des arbustes et à d'autres vivaces qui masqueront le feuillage qui se flétrit peu à peu après l'éphémère floraison. En fleurs coupées, les pivoines cueillies en boutons, tout juste lorsqu'on commence à percevoir leur couleur, s'épanouiront avec grâce et parfumeront la maison pendant presque quinze jours.

**Une fleur divine**

*Les anciens Grecs considéraient les pivoines comme des plantes d'essence divine et attendaient la nuit pour les déterrer, afin de ne pas avoir, croyaient-ils, les yeux crevés par le pic-vert attaché à leur protection. Leurs fleurs odorantes et surtout leurs racines, séchées puis râpées en fine poudre, détiennent des vertus médicinales qui comptent parmi les plus anciennement connues dans l'histoire de la thérapeutique : elles atténuaient, dit-on, les convulsions et les douleurs de l'accouchement, et guérissaient les épileptiques.*

# Trompettes sucrées

**Nom latin :**
*Nicotiana sp.*
**Famille :** Solanacées
**Hauteur :**
60 cm à 1,50 m
**Floraison :**
juin – septembre
**Exposition :** soleil
**Type :** annuelle

Voilà une plante pittoresque, d'entretien aisé, au port majestueux, qui fait un retour en force dans la décoration de nos jardins.
Les tiges, plus ou moins velues, se dressent à bonne hauteur en se ramifiant, et portent des feuilles entières, lancéolées ou ovales.
Pendant tout l'été, de juin à septembre, s'épanouissent à leur sommet des grappes légères de fleurs tubulaires, blanches, jaunes, rosées, rouges, vert pâle…
Leur forme est bien régulière et caractéristique avec une longue corolle en trompette, terminée par cinq lobes qui ne s'ouvrent complètement qu'en début de soirée, laissant émerger les cinq étamines.
Elles exhalent alors leur parfum sucré et capiteux, qui se prolonge parfois fort tard dans la nuit, un parfum qui se révèle encore plus intense après une petite pluie.
Les deux variétés de tabac vraiment odorantes sont le *Nicotiana alata* et le *Nicotiana sylvestris*, ou tabac sylvestre.
En revanche, tous les tabacs hybrides sont inodores et dans les jardins leur présence est d'un intérêt exclusivement décoratif, dû à la grande diversité de leurs tailles et de leurs couleurs de fleurs.

## Une plante gourmande

Les tabacs sont vigoureux et de croissance rapide : il vaut mieux les cultiver comme des plantes annuelles, c'est-à-dire les renouveler chaque année, ce qui a l'intérêt de pouvoir faire évoluer à volonté le décor de ces massifs.
Vous pouvez les semer, en février ou mars au chaud, les repiquer une première fois, et les mettre en place en mai après les dernières gelées, à moins que vous n'achetiez directement à cette époque des petits plants en godets.
Préparez un terrain bien bêché et enrichi de compost à un emplacement ensoleillé, tout au moins durant la matinée. Espacez les pieds suffisamment car ils prennent vite de l'espace.
Arrosez régulièrement et apportez de l'engrais liquide tous les quinze jours à ces plantes voraces.

## Un décor très mode

Les tabacs se marient très bien aux autres plantes ornementales et méritent d'avoir leur place dans les jardins. Ils accompagnent avec élégance d'autres vivaces et annuelles de grande taille, comme les pavots, les roses trémières ou les cosmos. Ils sont intéressants aussi à associer avec des dahlias.

### Cinq siècles d'histoire

*Le tabac a connu un destin prodigieux. Lorsqu'ils le découvrent en Amérique, les compagnons de Christophe Colomb deviennent rapidement friands de son usage. En 1565, le nom de* Herba Nicotiana *lui est donné, en l'honneur de Jean Nicot, ambassadeur de France au Portugal, qui le fit découvrir à la Cour de France, mais sans avoir jamais lui-même traversé l'océan. Il en offrit notamment à Catherine de Médicis pour soulager ses maux de tête. Mais c'est André Thevet qui en introduisit la culture en ramenant des graines du Brésil.*
*Son usage se répandit dans toute l'Europe comme panacée, avant que les autorités n'essaient de l'interdire, au* XVII*e siècle.*
*Le tabac fut ensuite apprécié pour ses valeurs décoratives, son feuillage élégant et le parfum de ses fleurs, et fort recherché par les horticulteurs il y a une centaine d'années. Depuis peu, ses grandes trompettes sucrées sont de nouveau en vogue dans nos jardins.*

Pour des potées, préférez des variétés de petites tailles, sachant alors que vous risquez de vous priver des odeurs vespérales propres aux grands tabacs.

# Les subtiles

# *Le chimonanthe odorant*

## Un miel d'hiver

**Nom latin :** *Chimonanthus praecox*
**Famille :** Calycanthacées
**Hauteur :** 2 à 3 m
**Floraison :** décembre – février
**Exposition :** soleil
**Type :** arbuste

Le chimonanthe est un vigoureux arbuste, de croissance moyenne, adoptant un port raide et compact. Ses curieuses fleurs cireuses, très odorantes, ont une forme de clochettes pendantes composées de nombreux pétales, jaune soufre translucide, tachées à l'intérieur de brun ou de pourpre. Elles apparaissent en hiver, de décembre à février, sur le bois nu des branches de l'arbuste. Selon les sensibilités olfactives de chacun, elles sentent plutôt le miel, la jacinthe, le jasmin ou le narcisse épicé : des fragrances séduisantes et mystérieuses, qui se répandent à plusieurs mètres de distance.
Les feuilles ne viennent qu'après : elles seront assez grandes, lancéolées, d'un vert luisant, rugueuses sur le dessus, lisses en dessous, disposées en paires opposées.
Plusieurs variétés sont proposées par les pépiniéristes, dont les fleurs sont toutes aussi odorantes mais se colorent de nuances différentes de jaunes : 'Grandiflorus', par exemple, a des coupes d'un jaune soutenu rayées de brun pourpre à l'intérieur, 'Luteus' est plus clair, 'Parviflorus' vraiment jaune pâle.

### Ils aiment la douceur du climat

Les chimonanthes sont des arbustes assez rustiques, mais ils peuvent souffrir de fortes gelées d'hiver ou de coups de froid printaniers : ils sont particulièrement intéressants pour les jardins du Sud et de l'Ouest, qui ne souffrent qu'exceptionnellement de tels excès.
Plantez-les en plein soleil dans un sol fertile et bien drainé, éventuellement calcaire, à l'abri des vents dominants.
Mais soyez patient : l'arbuste croît rapidement ; cependant, il vous fera attendre plusieurs années avant de vous faire profiter de sa floraison puissamment parfumée.
Taillez sans excès au printemps, en supprimant simplement les branches faibles et en raccourcissant le vieux bois, uniquement pour assurer un bon équilibre de l'arbuste.

### Un bon voisin

Les chimonanthes ne sont pas très courants dans les jardins, pourtant ils figurent parmi les plus intéressants arbustes à floraison hivernale.

**Parfums d'hiver**

*Il est tout à fait possible de profiter en hiver de fleurs parfumées dans son jardin. C'est même à ce moment que s'expriment les fragrances les plus puissantes, toutes concentrées à séduire les quelques insectes qui résistent au froid ! Celles des arbustes, surtout, comme ces chimonanthes, ou encore les hamamélis, les mahonias, les viornes, les daphnés, les mimosas. Voici encore une plante qui nous vient de Chine : les rameaux raides et dénudés, garnis de leurs seules fleurs aux larges pétales découpés, évoquent d'ailleurs à merveille le dénuement de certaines estampes orientales.*

Installez-les dans un massif ou une haie, près de la maison de préférence, si vous voulez profiter de leur parfum en passant le seuil de la porte.
Ils peuvent être également palissés contre un mur ensoleillé. Vous pourrez, en été, dissimuler leur aspect devenu assez quelconque, en y faisant grimper des pois de senteur, une clématite ou un chèvrefeuille.
Leur port compact permet de les cultiver en pot.
Les branches fleuries, coupées en boutons, auront une longue tenue en vase et parfumeront les pièces de la maison pendant plusieurs jours.

# La crucianelle

## Un tapis de fleurs musqué

**Nom latin :** *Crucianella stylosa* ou *Phuopsis stylosa*
**Famille :** Rubiacées
**Hauteur :** 15 cm
**Floraison :** été
**Exposition :** soleil ou mi-ombre
**Type :** vivace

Cette vivace tapissante, qui pousse naturellement dans les collines de l'Asie centrale, porte des étoiles de fines feuilles vert brillant, étroites et pointues. Ce feuillage, pourtant lumineux, disparaît pratiquement en été sous des boules serrées composées d'une multitude de petites fleurs tubulées ou en entonnoir, d'un rose plus ou moins soutenu selon les variétés.
Ce tapis coloré embaume l'air alentour d'un parfum musqué. Il évoque aussi un mélange d'aiguilles de pin et de bois de résineux, exhalant comme l'odeur d'une haie fraîchement taillée.

### Une plante de talus idéale

Avec sa petite taille et son port tapissant, assuré par des tiges fines et très ramifiées, la crucianelle est idéale pour couvrir le sol d'un talus, garnir une rocaille, habiller le pied des arbustes ou border un massif.
Même en dehors de ses périodes de floraison, c'est une plante intéressante comme couvre-sol, la densité de son feuillage, persistant, ne laissant pas la moindre chance aux plus téméraires des mauvaises herbes. Quant au réseau de ses fines racines, il retient efficacement le sol sur les terrains en pente.
La crucianelle se contente d'un sol peu fertile, apprécie la légèreté des terres sablonneuses et fraîches, résiste à la sécheresse et s'épanouit au soleil ou à mi-ombre.

### Une petite « pousse toute seule »

Cette rustique vivace ne craint rien et ne demande aucun entretien. Vous pouvez simplement, une fois la floraison terminée, à la fin de l'été, rabattre ses tiges au ras du sol pour assurer plus de compacité à son port.
Vous pourrez la repérer chez les pépiniéristes, dans les catalogues ou dans les fêtes des plantes, soit sous cette appellation de crucianelle soit sous son nom latin de *Phuopsis*.

# Le muscari d'Arménie

## [ Fraîcheur marine ]

Les muscaris d'Arménie développent d'abord un feuillage d'étroits rubans vert clair. Puis ils pointent, au tout début du printemps, et au sommet de leur tige, des petits cônes pointus, composés de minuscules clochettes renflées. D'abord gris pâle, celles-ci se parent d'un bleu intense en pleine floraison, chacune très finement ourlée de blanc.

À côté de ce classique *Muscari armeniacum*, on trouve d'autres espèces et variétés, aux épis plus ou moins allongés et globuleux, et dont le bleu joue sur toute une gamme de nuances : bleu foncé bordé de bleu pâle chez 'Blue Pearl' ; fleurs tantôt violettes tantôt bleu foncé chez *Muscari latifolium* ; bleu pâle et fleurs doubles chez 'Blue Spike' ; et même blanc crème pour le *Muscari botryoides* 'Album'.

De façon plus ou moins perceptible, selon les variétés, mais aussi selon les conditions climatiques, la température et l'ensoleillement, ces petites fleurs dégagent des effluves parfumés, dont la note essentielle, musquée, est à l'origine du nom même de la plante.

**Le bulbe de l'année 2000**

*Chaque année depuis 1998, à l'initiative des Hollandais qui sont au niveau mondial les grands spécialistes des bulbes à floraison printanière, est élu le « Bulbe à fleur de l'année ». Choisi par un jury d'experts néerlandais et français, il bénéficie pendant toute une saison d'actions importantes de promotion pour séduire un nombre plus important d'amateurs et les inciter à cultiver des bulbes en plus grandes quantités ou à les acheter en potées fleuries. Après la tulipe 'Apricot Beauty' et le narcisse 'Tête à Tête', c'était au tour du muscari d'Arménie de bénéficier de ce coup de projecteur en étant élu bulbe de l'année 2000.*

## Une plante rustique

Les muscaris s'adaptent à toutes les conditions de sols et d'expositions, ne gardant comme seules exigences qu'un bon drainage pour leur éviter tout excès d'humidité et une luminosité suffisante.

Leurs petits bulbes sont à planter en novembre, à une profondeur de 8 à 10 centimètres, assez rapprochés pour composer les plus beaux effets de masse (pas à plus de 10 centimètres les uns des autres).

Vous pourrez ensuite, après une floraison qui aura duré plusieurs semaines, les laisser en terre : les muscaris se naturalisent très rapidement, à la fois par la formation de nombreux caïeux et par la dissémination de leurs graines. Il vous suffira tous les 3 ou 4 ans de diviser les touffes qui se sont peu à peu élargies.

Les muscaris réussissent très bien cultivés en pot. Regroupez au moins une dizaine de bulbes dans un mélange de terreau et de sable, seuls ou associés à d'autres bulbeuses – narcisses ou tulipes claires – dont les couleurs seront mises en valeur par ce fond bleu.

## Rivière parfumée

Le bleu intense et la taille modeste des muscaris permettent de composer au jardin de très beaux décors : plantés en grande quantité, ils formeront une véritable rivière délicatement parfumée dans une petite déclivité de terrain.

Plus modestement, les muscaris sont parfaits pour les bordures, les rocailles ou en composition dans les massifs : placez-les devant ou entre des arbustes qui fleurissent plus tard dans la saison, à côté de vivaces ou de bulbeuses dans des tons contrastés, jaune, orange ou rouge.

L'effet blanc et bleu est aussi toujours très spectaculaire : limitez les compagnes de vos muscaris à des fleurs blanches ou à des plantes au feuillage grisâtre, comme un fond de santolines.

**Nom latin :** *Muscari armeniacum*
**Famille :** Liliacées
**Hauteur :** 15 à 20 cm
**Floraison :** mars
**Exposition :** soleil ou mi-ombre
**Type :** bulbeuse

# L'œillet mignardise

## Des senteurs épicées

**Nom latin :**
*Dianthus plumarius*
**Famille :**
Caryophyllacées
**Hauteur :**
de 25 à 30 cm
**Floraison :**
mai à juillet
**Exposition :** soleil
**Type :** vivace

Ce sont de petites merveilles, aux effluves épicés, avec leurs pétales découpés et brillamment colorés, composant des fleurs simples ou doubles, entièrement blanches ou déclinant toutes les nuances du rose au pourpre. Leur feuillage, d'un vert argenté, reste beau et décoratif même pendant l'hiver. Dans cette grande famille des œillets, ce sont surtout ces mignardises et les œillets sauvages qui sont délicieusement parfumés, exhalant des senteurs généreuses, qui évoquent le clou de girofle ou le poivre.

### Un goût immodéré pour le soleil

Les œillets sont faciles à semer : il suffit de vous y prendre un an à l'avance et de faire lever leurs jeunes pousses à l'abri. Vous pouvez aussi acheter ces plantes vivaces en godet en les choisissant en fonction des photos et du nom des variétés.
Il vous suffira ensuite de diviser les touffes quand elles auront pris de l'importance pour rajeunir la plante et l'installer dans de nouveaux endroits.

**La fleur de Dieu**

*Mais quel est l'œil qui a inspiré le nom de cette fleur ? Il symbolise rien moins que l'œil de Dieu, comme nous le propose Anne Dumas dans son livre sur* Les plantes et leurs symboles, *œil divin auquel rien n'échappe ! Par ailleurs, l'œillet représenterait aussi la Passion et la Crucifixion du Christ, soit en raison de ses feuilles étroites, qui évoquent des clous, soit parce qu'il a été confondu avec la fleur du giroflier, dont le fruit présente une forme de clou.*
*Mais l'œillet peut être beaucoup plus gai : rouge, il figure dans le langage des fleurs un amour pur et ardent.*

Préférez pour vos œillets un sol correctement drainé, sans calcaire et surtout un emplacement bien ensoleillé : c'est dans l'air des chaudes journées d'été que ces fleurs répandent le mieux leur parfum.

## Une plante de bordure

Les œillets nains mignardises, appelés autrefois mignonnettes, sont des plantes de massifs, de rocailles et de bordures idéales, dont vous pouvez mélanger les coloris nuancés – en évitant cependant les excès de bigarrures – ou que vous associerez à d'autres vivaces ou bisannuelles. Faites alors votre choix parmi des plantes qui restent très basses, car elles ne supporteraient pas l'ombre de leurs voisines : petites graminées, primevères auricules, pâquerettes à fleurs doubles ou thyms rampants.

# Le géranium rosat

## [ Des parfums de rose ]

**Nom latin :** *Pelargonium capitatum*
**Famille :** Géraniacées
**Hauteur :** 30 à 80 cm
**Floraison :** mai à novembre
**Exposition :** soleil
**Type :** vivace

Ce n'est pas un hasard si ce pélargonium botanique est connu sous le nom de géranium rosat : ses effluves évoquent tout à fait le parfum traditionnel de la rose.
Comme pour tous les pélargoniums odorants, ce ne sont pas les petites fleurs qui sont ainsi parfumées ; en effet, c'est le feuillage, très échancré, agréablement velouté, qui exhale de délicieuses senteurs au moindre froissement.
Le géranium rosat, qui pousse spontanément et dans toute sa splendeur dans son pays d'origine, l'Afrique du Sud, reste plus réduit sous nos latitudes, se conduisant presque comme un arbuste rampant. Ses petites fleurs, groupées en ombelles assez lâches, sont d'un délicat rose purpurin, strié de lignes plus foncées.

### Des conditions confortables

Installez vos pélargoniums en plein soleil, dans une terre fertile que vous ne manquerez pas d'arroser régulièrement pendant toute la période de floraison. Et nourrissez-les en leur apportant régulièrement de l'engrais liquide pour géraniums, surtout s'ils sont en pot. En enlevant au fur et à mesure les fleurs fanées, vous favoriserez la venue des suivantes et conserverez une plante à l'aspect impeccable.

### Frileux

Les pélargoniums botaniques comme ce géranium rosat, ne résistent pas au froid de la plupart de nos hivers. Si vous voulez les conserver d'une année sur l'autre, il vaut donc mieux les cultiver en pot, afin de pouvoir les mettre à l'abri facilement, dans un endroit sec, frais, très clair et aéré. Rabattez alors la végétation d'un tiers.
S'ils sont installés en plates-bandes ou en massifs, il vous faudra prendre la peine de les faire hiverner en les transplantant dans une caissette de terreau que vous maintiendrez légèrement humide.

**Le géraniol**

*De ce pélargonium, les industriels extraient le géraniol, dont 30% des composants sont identiques à ceux de l'essence de rose. Quand il nous en parle dans son* Livre des Parfums, *paru en 1870, Eugène Rimmel reconnaît que « l'essence qu'on en tire coûtant huit ou dix fois moins cher que l'essence de rose, on l'emploie avec avantage pour imiter, ou parfois pour soutenir cette dernière dans les compositions ».*
*Mais le géranium rosat n'est pas seulement un succédané : son huile essentielle, qui associe de l'eucalyptol et du citronellol au géraniol, est un composant à part entière de grandes créations où il vient renforcer les notes complémentaires des autres essences utilisées.*
*Pour cela, il est cultivé à grande échelle à Grasse, pays des parfumeurs, mais surtout sur l'île de la Réunion. Car, en effet, ce sont les géraniums en provenance de la Réunion ou de Chine qui donnent semble-t-il, les huiles les plus délicatement parfumées. Celles-ci sont très utilisées en aromathérapie où elles ont la propriété d'être d'excellents toniques et régénérants cutanés. On leur prête, en particulier, des qualités cicatrisantes et astringentes.*

*Le pélargonium fragrans*

# [ Une bonne odeur de résine ]

**Nom latin :** *Pelargonium x fragrans*
**Famille :** Géraniacées
**Hauteur :** 20 à 25 cm
**Floraison :** mai à novembre
**Exposition :** soleil
**Type :** vivace

Voici un autre pélargonium botanique, formant un petit buisson compact, dont les bouquets très lâches de petites fleurs blanches, aux étroits pétales, restent assez discrets.
Ses feuilles arrondies, découpées en quelques lobes, ne sont jamais très grandes, d'un tendre gris vert sur le dessous, plus vif sur le dessus. Et le léger duvet qui les recouvre les rend toutes douces au toucher.
Froissées, elles dégagent d'agréables senteurs qui évoquent pour certains le pin, pour d'autres l'eucalyptus.
Il existe aussi pour cette espèce une variété *Variegatum*, dont les feuilles se colorent de jolies panachures crème et blanc.

## Écarter tout risque de gelée

Ne soyez jamais trop pressé pour installer vos nouveaux géraniums ou pour les sortir de la serre où vous les gardez à l'abri : en-dehors des régions au climat privilégié, la tradition populaire veut que tout risque de gelée ne soit définitivement écarté qu'après les Saints de Glace. Or ceux-ci, dont les plus connus sont Mamert, Pancrace et Gervais, ne sont fêtés qu'à la mi-mai !
Enfreindre cette précaution risque de vous faire perdre vos plantes, qui ne résisteront pas à une nuit particulièrement froide !

## Mariages colorés

Avec ses fleurs si discrètes, le *Pelargonium fragrans* sera mieux mis en valeur si vous l'associez à d'autres variétés beaucoup plus éclatantes. Soit des géraniums-lierres ou zonales, pour leurs belles couleurs et l'abondance de leurs fleurs, soit d'autres espèces botaniques, dont les parfums divers seront une source de plaisir.
En alignant vos pots de pélargoniums aux senteurs diverses, vos mains vous permettront de jouer un grand morceau sur cet orgue des parfums.

**Géraniums et pélargoniums**

*L'appellation de « géranium » reste encore couramment utilisée par beaucoup de jardiniers amateurs, et même par certains professionnels : les Alsaciens par exemple, pour qui cette culture est véritablement emblématique, parlent toujours plus volontiers de géraniums.*
*Pourtant, il s'agit de deux familles vraiment différentes. Les géraniums sont originaires de nos régions. Les pélargoniums vivent sous leur forme sauvage en Afrique du Sud où ils forment d'énormes massifs.*
*Le mot pélargonium vient du grec* pelargos, *la cigogne. Il fait allusion à la forme du fruit qui se fissure en éléments très longs et pointus, évoquant le bec de cet oiseau.*
*Le mot géranium, lui, a pour origine un autre oiseau grec au long bec :* geranos, *la grue.*

# Comme une forêt de pins

**Nom latin :** *Pelargonium* x
**Famille :** Géraniacées
**Hauteur :** 40 à 45 cm
**Floraison :** mai à novembre
**Exposition :** soleil
**Type :** vivace

Les feuilles de cette variété de pélargonium sont assez claires, presque blanchâtres sur leur face supérieure, et particulièrement découpées. Elles dégagent une forte odeur lorsqu'elles sont froissées : en fermant les yeux, on se croirait dans une forêt de pins ! Du printemps à l'automne, émergent de cette plante vigoureuse des bouquets de quatre à cinq centimètres de diamètre, dont les fleurs aux pétales assez larges, rouge corail et rose pâle, sont nuancées par un petit œil blanc. Comme pour tous les pélargoniums de la série 'Unique', les fleurs ne sont pas très nombreuses mais elles se succèdent sans discontinuer pendant plus de six mois.

## Une famille « Unique »

Les pélargoniums 'Unique' sont de grands arbustes vivaces, bien ramifiés. Leurs feuilles, arrondies et lobées, sont souvent fortement parfumées au froissement et leurs fleurs en trompettes simples, se déclinent dans toutes les couleurs traditionnelles de cette plante : blanches, roses, rouges, pourpres ou orange.
Ces pélargoniums ont vu le jour en Grande-Bretagne au début du XIXe siècle, issus de l'hybridation d'un pélargonium botanique, *Pelargonium fulgidum*, avec un certain nombre d'hybrides, difficiles à déterminer aujourd'hui avec certitude.

## De la gourmandise au bout des doigts

La variété 'Paton's Unique', souvent cultivée par les horticulteurs, n'est pas très difficile à trouver.
Mais il y a bien d'autres pélargoniums à feuillage parfumé dans les catalogues des spécialistes : 'Prince of Orange' est l'un des meilleurs du genre, laissant sur les doigts un parfum tenace de zeste d'orange.
Vous apprécierez aussi 'Deutsch Chocolat' aux effluves… mentholés, 'Lemon Fancy' et sa fraîche odeur de citron, ou encore 'Purple Unique' avec ses relents interdits d'absinthe.

**Belles pages**

*Émile Zola, dans* La Faute de l'abbé Mouret, *Colette dans* Le Voyage égoïste, *ou encore Valéry Larbaud dans* Fermina Marquez *n'ont pas manqué d'évoquer le charme des pélargoniums, « géraniums » au « velours rouge haussé jusqu'à un indicible violet », aux « flammèches ardentes » ou encore aux parfums qui enchantent les sens et redoublent les premiers émois amoureux. Madame de Staël, en revanche, n'appréciait guère l'odeur du géranium qu'elle trouvait importune. On lui attribue d'ailleurs un mot d'esprit que lui aurait inspiré un officier de belle allure... mais très sot :*

*– « Monsieur, vous ressemblez à un géranium.*

*– Et pourquoi donc madame ?*

*– Parce que le géranium est, monsieur, une fleur bien vêtue et plaisante à regarder. Mais il n'en sort, lorsqu'on la presse, qu'une odeur importune. »*

# Le pélargonium odoratissimum

## Une odeur de pomme verte

**Nom latin :** *Pelargonium odoratissimum*
**Famille :** Géraniacées
**Hauteur :** 20 à 25 cm
**Floraison :** mars à juillet
**Exposition :** soleil
**Type :** vivace

Serait-il le plus parfumé des géraniums odorants, comme le laisse supposer le superlatif de son nom d'espèce ? En tout cas, il sait prendre sa place dans les massifs et les jardinières, en étalant largement ses fines tiges, tout en restant compact, sans dépasser 20 ou 25 centimètres de hauteur.
Ses feuilles claires, bien arrondies, duveteuses, dégagent des odeurs de pommes à cidre – presque une odeur alcoolisée de Calvados – tandis que s'épanouissent discrètement, de mars à juillet, des bouquets de toutes petites fleurs étoilées blanches. Sur certains des pétales, ce blanc est éclaboussé de très discrètes veinules rougeâtres.

### Un hiver à l'abri

Comme tous les pélargoniums botaniques, originaires d'Afrique du Sud, le *P. odoratissimum* ne résiste pas à nos hivers. Pour le conserver d'une année sur l'autre, il est donc indispensable de les rentrer à l'abri. Dans la plupart de nos régions tempérées, n'attendez pas la fin du mois d'octobre, pour l'installer dans un local frais et aéré, en pleine lumière, l'idéal étant une serre ou une véranda. Vous continuerez alors à l'arroser, mais très modérément, tous les dix ou quinze jours.

### Sur les lieux de passage

Alors que les pélargoniums zonales et lierres, aux grandes fleurs souvent somptueuses mais inodores, forment de superbes massifs ou potées, vos pélargoniums odorants ont un autre rôle à jouer au jardin.
Puisque leur parfum ne s'exprime que lorsque les feuilles sont froissées, leur emplacement idéal est au bord des allées, sur une terrasse, près d'un banc, là où négligemment le promeneur laissera flotter sa main. Ils font merveille en petite haie ou en bordure d'un chemin.

**Des parfums pour la cuisine et la maison**

*Hachées menues, les feuilles du* Pelargonium odoratissimum *peuvent être utilisées dans la préparation de gâteaux auxquels elles communiquent leur délicieux parfum de pomme.*
*D'autres espèces comme le géranium rosat,* Pelargonium capitatum, *ou le « faux rosat »,* P. graveolens, *parfumeront de façon inattendue une gelée ou une infusion. Quant aux feuilles aux effluves de citron, de fleur d'oranger ou de menthe, elles accommoderont avec beaucoup d'à-propos des plats de poissons ou de viandes, comme un ragoût de veau par exemple.*
*Toutes ces feuilles conservent leur odeur une fois séchées : elles peuvent donc tout à fait entrer également dans la composition de pots-pourris pour parfumer la maison.*

# Du parfum au bout des doigts

**Nom latin :** *Pelargonium tomentosum*
**Famille :** Géraniacées
**Hauteur :** 75 à 90 cm
**Floraison :** mai à septembre
**Exposition :** soleil ou mi-ombre
**Type :** vivace

Voici un pélargonium particulièrement facile à reconnaître : ses fleurs blanches, en forme de minuscules papillons, sont si petites qu'elles se distinguent à peine et n'ont aucune qualité décorative, mais les grandes feuilles vert foncé qui couvrent ses tiges emmêlées sont très caractéristiques, toutes veloutées et très douces au toucher. Si l'on approche alors les doigts de ses narines, leur parfum mentholé est presque trop intense.
Dans une collection de pélargoniums odorants, ce pélargonium mentholé ou *Pelargonium tomentosum* est une pièce maîtresse qui ne manquera pas de surprendre vos invités. Sachez qu'il était déjà très apprécié dans les jardins il y a plus de cent ans.

### Une vigoureuse qui aime l'ombre

Le pélargonium mentholé est une vigoureuse plante vivace, qui prend un développement important, aussi bien en hauteur qu'en largeur. Par ailleurs, il est l'un des seuls de la famille qui supporte très bien la mi-ombre. C'est même dans ces conditions que ses rameaux s'étaleront encore plus longs, et que ses feuilles deviendront encore plus imposantes.
N'hésitez donc pas à le laisser tout seul dans un grand pot.
En revanche, il ne faudra pas oublier de l'arroser régulièrement : comme tous les pélargoniums botaniques, il ne supporte pas de trop longues périodes de sécheresse.

### Jolis accords

Le feuillage vert vif et superbement velouté du *Pelargonium tomentosum* pourra être valorisé par le voisinage de grandes plantes aux fleurs plus spectaculaires. Nos arrières grands-parents appréciaient par exemple son association avec les héliotropes bleu foncé, autrefois très à la mode. Pensez aussi aux grands bulbes d'été, comme les acidantheras, ou encore les agapanthes, de même origine sud-africaine.

**Des montagnes jusqu'aux déserts**

*Sous la dénomination de « pélargonium botanique » on regroupe quelque 230 espèces qui poussent spontanément, pour la plupart en Afrique du Sud. La diversité de leurs habitats, des montagnes jusqu'aux déserts en passant par le bord de mer, a induit une grande diversité de formes : ce sont des plantes vivaces, des succulentes ou même des arbustes ou encore de petits arbrisseaux. Les pélargoniums aux grosses fleurs colorées, qui sont cultivés à grande échelle pour garnir les massifs et les potées, sont le résultat de croisements obtenus à partir d'une vingtaine seulement de ces espèces. Mais les pélargoniums botaniques, qui n'étaient que peu cultivés, connaissent actuellement un engouement de plus en plus important, appréciés justement pour leurs feuillages odorants.*

# *La santoline blanche*

## [ Effluves camphrés ]

La santoline est un petit arbuste persistant et dense, dont les tiges ramifiées portent de toutes petites feuilles fines et cylindriques, grises ou vertes, qui paraissent recouvertes d'un fin duvet argenté. Lorsqu'on le frôle, ce feuillage dégage une odeur camphrée, vive et pénétrante, un peu amère et citronnée. En été, les rameaux se couvrent de petites fleurs jaunes en forme de pompons ronds et durs, entourées de longues bractées. Leur odeur, cette fois, ne ravit pas toutes les narines humaines mais plaît en revanche sans restriction aux abeilles et aux papillons. La plus couramment cultivée est la santoline blanche, appelée également petit cyprès, aurone femelle ou fausse sanguenitte. Les horticulteurs en ont sélectionné plusieurs variétés offrant quelques nuances dans leur port, leur taille et les tons argentés du feuillage. Il existe également une santoline aux feuilles vert vif, la 'Viridis'.

## Une plante garde-robe

*L'odeur vive et pénétrante de la santoline a la réputation de chasser les mites des vêtements et d'éloigner rongeurs et limaces : c'est la raison sans doute de son appellation ancienne de « garde-robe ». Dans le Bassin méditerranéen, dont elle est originaire, la santoline était aussi l'une des plantes qui permettaient, selon la légende, de se protéger des phénomènes mystérieux. En Haute Provence, lorsque l'orage grondait, jeter quelques branches de santoline dans l'âtre permettait d'éloigner la foudre. La santoline a aussi été, au fil des siècles, largement utilisée pour ses vertus thérapeutiques, signalées depuis la Grèce antique. Aujourd'hui, on apprécie surtout son esthétisme et le parfum de ses feuilles, qui peuvent entrer dans la composition des pots-pourris.*

## Bien au sec

La santoline aime les situations chaudes et ensoleillées, un sol ordinaire, même caillouteux et sec, mais bien drainé. Plantez serrés des pieds que vous aurez achetés en godets, pour former une petite haie basse. Vous les étofferez en « pinçant » une ou deux fois l'extrémité des jeunes tiges, c'est-à-dire en les supprimant d'un petit coup de sécateur. Vous garderez ensuite la plante bien ramassée en taillant les touffes après la floraison.
Quand, prenant de l'âge, le centre se dégarnit par trop, n'hésitez pas à tailler court toute la plante pour la rajeunir, au printemps ou après la floraison.
La santoline se multiplie facilement par boutures au mois d'août ou par division des touffes. Mais attention : elle ne résistera pas aux grands froids de l'hiver si vous n'avez pas pris la peine de la protéger d'un paillis.

## Des bordures de soleil

La santoline pousse vite et peut remplacer le buis dans un décor régulier, pour entourer un carré d'aromatiques ou border une plate-bande de rosiers.
Cultivée en bac, elle parfume les terrasses du Midi ou celles qui, dans les régions moins favorisées, sont bien exposées au sud.
Dans des massifs de plein soleil, sur un talus par exemple, vous créerez une belle association en harmonisant le feuillage argenté et le jaune des fleurs de santoline à de la lavande, des armoises, du romarin ou des sauges.

**Nom latin :** *Santolina chamaecyparissus*
**Famille :** Astéracées
**Hauteur :** 30 à 50 cm
**Floraison :** été
**Exposition :** soleil
**Type :** arbrisseau

# Les giroflées

# Parfum d'épice

**Nom latin :**
*Matthiola sp.*
**Famille :** Brassicacées
**Hauteur :** 30 à 80 cm
**Floraison :**
printemps – automne
**Exposition :** soleil
**Type :** annuelle, bisannuelle ou vivace

Ces plantes à massifs sont des annuelles, des bisannuelles, ou encore des vivaces dans les régions à climat doux.
Elles portent des feuilles allongées, diversement découpées, d'un vert grisâtre, persistantes, et forment des touffes de 30 à 80 cm de hauteur.
D'avril à octobre selon les variétés, elles produisent de belles grappes denses et érigées, un peu ébouriffées, très colorées.
En y regardant de plus près, celles-ci sont composées d'une multitude de petites fleurs, simples avec leurs quatre pétales en croix, ou doubles. Il n'est pas rare de trouver les deux types de fleurs réunies dans le même épi.
Ces belles inflorescences dégagent, aussi bien de jour que de nuit, un parfum suave que tous les nez ne définissent pas de la même façon : certains le qualifient de musqué, d'autres de sucré, mais il porte aussi des effluves épicés de girofle puisque la fleur lui doit son nom français.
Elles se parent d'une large palette de couleurs, du blanc pur au violet en passant par toutes les nuances de bleus, de jaunes, de crème, de rouges et de roses.
Deux variétés sont surtout cultivées : *Matthiola incana*, la giroflée des jardins, bisannuelle ou vivace, et *Matthiola annua*, la giroflée quarantaine, une annuelle plus petite.

## Facile et sans grandes exigences

Selon le climat de votre jardin, semez en février ou en mars à l'abri, repiquez une fois et mettez vos petits plants en place fin avril, ou semez directement en pleine terre les cultivars que vous aurez choisis en fonction de leur couleur.
Il est possible également d'acheter des plants tout prêts, en godets.
Installez vos giroflées en terrain sec et bien drainé, dans une bonne terre de jardin enrichie de compost, au soleil ou à mi-ombre.
Elles se ressèmeront spontanément.

## De remarquables fleurs coupées

Associez vos giroflées dans les plates-bandes, ou devant un massif d'arbustes, à d'autres fleurs comme des anémones ou des renoncules. En les plaçant près de la maison ou d'un passage, vous profiterez au maximum de leur parfum. Il est possible également de les cultiver en pot sur la terrasse ou le balcon.

**Girofle et giroflée**

*Le nom latin de cette fleur,* Matthiola, *est un hommage au botaniste du* XVIᵉ *siècle Mattioli, tandis que son nom français fait allusion à son parfum épicé. Il arrive aussi qu'on la dénomme « matthiole », mais le plus souvent giroflée d'été ou giroflée des jardins. Ce sont des végétaux spontanés autour du bassin méditerranéen.*
*Dans la même famille des Brassicacées (ex-Crucifères), mais dans un autre genre botanique, celui des* Cheiranthus, *sont les giroflées ravenelles* *(voir page 26)**, aux fleurs également très agréablement parfumées, rassemblées de même façon en inflorescences vivement colorées.*
*Les giroflées viennent probablement d'Asie Mineure, introduites en Europe vers la fin du* XVIᵉ *siècle.*

En fleurs coupées, les giroflées se prêtent à la composition de bouquets très odorants. Les inflorescences les plus lourdes sur les tiges les plus hautes demandent parfois un discret tuteur.
Une astuce pour ne garder que les fleurs doubles au début de la végétation : quand la température est inférieure à 10 °C, repérez et éliminez les jeunes plants au feuillage clair. Ils ne porteront que des fleurs simples.

# Le thlaspi violet

# Un parfum de miel

**Nom latin :** *Thlaspi umbellata* ou *Iberis umbellata*
**Famille :** Brassicacées
**Hauteur :** 15 à 30 cm
**Floraison :** mars à août
**Exposition :** soleil
**Type :** annuelle

Ce buisson arrondi se couvre au printemps de bouquets de petites fleurs si densément rapprochées qu'elles en viennent à cacher les feuilles allongées, portées en rosette sur leurs courtes tiges. Ces inflorescences en ombelles, comme de minuscules parasols de quelques centimètres de diamètre, sont formées d'une multitude de petits fleurons parfumés. Leurs quatre pétales disposés en croix se déclinent dans des tons pourpres, roses, cramoisis, lavande ; ils peuvent aussi être blancs ou s'orner de deux couleurs assorties.
Leur senteur évoque typiquement les petites fleurs sauvages de la campagne, celles qui attirent les abeilles et parfument de façon si caractéristique leur production de miel.

## Au gré du vent

Plante annuelle, le thlaspi se sème directement en place , dès le tout début du printemps, et pousse en un temps record. On peut aussi le cultiver comme une bisannuelle, semée au mois d'octobre : sa floraison printanière en sera d'autant avancée.
Le vent et les insectes se chargeront ensuite de disséminer cette petite sauvage dans votre jardin.
Le thlaspi préfère les sols frais, bien drainés et les situations ensoleillées, et ne craint absolument pas les ambiances salines des bords de mer.

## Bouche-trou

Sa culture est si facile, son installation si rapide et sa présence si charmante, que le thlaspi violet se présente vraiment comme la petite plante idéale pour garnir les trous dans les massifs et les plates-bandes.
Après une première installation, les semis spontanés dissémineront sans doute cette jolie plante dans votre jardin, épanouissant ses petites ombelles colorées au hasard des germinations.

## Les fleurs mellifères

*Ce sont les préférées des abeilles, alors prévoyez-les dans votre jardin si vous vous sentez une âme d'apiculteur.*
*Elles dégagent des parfums qui rappellent ceux de la ruche et attirent les petites ouvrières qui se chargeront en même temps de leur pollinisation et de leur dispersion.*
*Évitez cependant le voisinage des allées, des fenêtres et des aires de repos. Pensez ainsi aux aconits, aux asters, aux centaurées, aux hellébores, aux menthes, aux onagres, aux sauges, aux scabieuses, aux véroniques…*

# *Le souci*

## Une senteur étrange

Le souci est une plante à croissance rapide, annuelle ou quelquefois vivace, qui forme une touffe buissonnante et assez dense. Ses tiges ramifiées, plus ou moins dressées, un peu visqueuses, portent un feuillage à l'aspect satiné, presque charnu, entier ou légèrement denté, d'un ton plutôt vert clair. De mai jusqu'aux premières gelées, ses grandes fleurs solitaires, de 10 centimètres environ de diamètre, simples ou doubles selon les variétés, ressemblent à des marguerites : elles sont jaunes, orangées, abricot, crème ou jaune d'or, très lumineuses, avec souvent les fleurons du centre plus sombres. Elles donnent à elles seules un très joli spectacle, mais celui-ci se complète, lorsqu'on s'en approche, du plaisir d'une senteur étrange, un peu âcre.

### Une plante facile

Le souci est une plante très facile à cultiver : ses grosses graines se sèment en place tôt au printemps, dès le mois de février, et il ne vous faudra attendre que quatre mois pour voir éclore ses premières fleurs. Il est également possible de semer dès l'automne : vous prendrez alors la précaution de protéger

**La fleur de tous les mois**

*Telle est effectivement la signification de son nom en latin, allusion à ses floraisons répétées, tandis que souci est une altération du mot « solsequia », synonyme de tournesol, « qui suit le soleil ». Le souci était au Moyen Âge une plante présente dans la vie quotidienne des habitants, comme en témoignent plusieurs écrits de cette époque : les pétales servaient à la confection de potages, ainsi qu'à des préparations officinales, et à colorer le beurre et le fromage. Aujourd'hui encore, les jardins « naturels », un peu sauvages, et les « jardins de grands-mères » ne peuvent se concevoir sans le lumineux apport de ces fleurs. Elles y ont un rôle surtout décoratif, mais l'usage de leurs pétales en cuisine ou dans la préparation de remèdes simples correspond tout à fait à un retour aux valeurs essentielles des plantes.*

votre semis d'un paillis si la température baisse beaucoup.

Vous pouvez aussi, encore plus simplement, repiquer à l'emplacement choisi des petits plants achetés en godet.

Le souci tolère tous les sols, même secs et pauvres, et s'épanouit aussi bien au soleil qu'à la mi-ombre. Il supporte également le climat maritime des bords de mer.

En éliminant au fur et à mesure les fleurs fanées, vous éviterez à la plante de s'épuiser et vous favoriserez la venue de nouvelles fleurs, tout en limitant les semis spontanés. Évitez lors des arrosages de mouiller le feuillage, afin de limiter les risques de maladies.

Au jardin des aromatiques, faites un joli contraste de couleurs en associant l'orange des soucis au bleu des fleurs de bourrache, des campanules ou des bleuets, ou installez-les sur un arrière-plan de fenouil au feuillage tout plumeux.

**De la couleur dans la salade**

Sur une salade, les grands pétales qui bordent les fleurs de souci donneront de la couleur : c'est une coutume qui revient aujourd'hui dans nos assiettes, mais l'usage était courant chez les Anciens. Vous pouvez aussi les utiliser pour colorer le riz, en remplacement du safran. Les fleurs de souci sont belles en fleurs coupées et elles ont une longue durée en vase. Mais elles sont aussi intéressantes en infusion ou en pommade. Pour une infusion, faites-les sécher sur du papier absorbant et conservez-les dans un récipient à l'abri de la lumière. Pour préparer une pommade en revanche, qui permettra de soigner les petites blessures, les engelures ou l'acné, utilisez des pétales frais : mélangez dans une poêle une poignée de pétales à une louche de saindoux fondu, faites cuire 15 minutes à feu très doux en remuant souvent, puis répartissez dans des petits pots, que vous fermerez hermétiquement.

**Nom latin :** *Calendula officinalis*
**Famille :** Astéracées
**Hauteur :** 30 à 70 cm
**Floraison :** mai – octobre
**Exposition :** soleil ou mi-ombre
**Type :** annuelle ou vivace

# *La tulipe 'Monte Carlo'*

## [ Sulfureuse et offerte ]

Les grosses fleurs doubles de la tulipe 'Monte Carlo' sont d'un jaune soufré, parfois très légèrement plumé de rouge. Et cette belle couleur acidulée s'accompagne chez cette variété d'une discrète mais agréable fragrance. Les tiges, qui sont de taille moyenne – environ 30 centimètres –, et les fleurs qui s'ouvrent en plein soleil permettent à 'Monte Carlo' de former de magnifiques tapis lumineux, si l'on a pris la peine de planter ses bulbes en grande quantité et bien serrés.
'Monte Carlo' fait partie de la famille des tulipes à floraison hâtive, c'est-à-dire que ses fleurs s'épanouissent dès le début du mois d'avril et restent belles plusieurs semaines si elles ne subissent pas de grosses pluies. Très doubles, elles multiplient largement par deux le nombre habituel des pétales de la tulipe – trois pétales et trois sépales de même forme et de même couleur –, ce qui les fait ressembler à des pivoines.

### Des jardinières pleines de soleil

Les tulipes sont rustiques et peu exigeantes : vous pouvez planter leurs bulbes dans tous les sols, pour peu qu'ils ne restent pas trop

## Langage d'amour

*'Monte Carlo' fait partie des variétés les plus cultivées par les Hollandais pour la production de fleurs coupées. Vous devriez donc la trouver facilement chez les fleuristes... à moins que vous ne résistiez pas au plaisir d'en prélever un bouquet dans vos premiers massifs du printemps. On prête à la tulipe plusieurs significations dans le langage des fleurs : pour les uns, elle est le symbole de l'amour fou, surtout quand elle est de couleur rouge. Pour d'autres, elle est surtout associée à l'amour impossible et malheureux, et le jaune dans ce cas lui sied bien. La tulipe des jardins exprime plutôt la réserve, tandis que la tulipe sauvage est le symbole d'un premier amour.*

humides pendant les mois d'hiver. Le meilleur moment se situe de la fin septembre à la fin novembre, mais si vous vous êtes laissé dépasser par le temps, il est encore possible d'installer vos bulbes de tulipes jusqu'à mi-janvier s'il ne gèle pas. C'est tout de même une date limite, et vous ne devez pas vous laisser séduire par des fournisseurs peu scrupuleux qui proposent encore des bulbes de tulipes dans certaines expositions au mois de février.
'Monte Carlo' donnera un effet magnifique en pleine terre, dans un massif, une rocaille ou une plate-bande, mais elle est aussi idéale pour des pots ou des jardinières. À proximité de la maison, vous pourrez plus facilement profiter de sa luminosité et de son léger parfum.

## Couleurs complémentaires

L'éclat de cette grosse tulipe jaune reflète l'optimisme du retour de la belle saison et se suffit à lui-même. Mais 'Monte Carlo' s'harmonisera avec beaucoup de bonheur à d'autres nuances pour former de doux camaïeux ou de somptueux contrastes : dans la même famille de tulipes, prévoyez la blanche 'Schoonoord' ou la jaune citron 'Mr Van Der Hoef', non pas mélangées mais accolées par taches. Ou installez à l'intérieur du massif, cette fois dans les espaces laissés entre des bulbes plus éloignés, des petites *Viola cornuta*. De ce parterre mauve émergeront avec somptuosité les boules de lumière de 'Monte Carlo'.

**Nom latin :** *Tulipa*
**Famille :** Liliacées
**Hauteur :** 30 à 35 cm
**Floraison :** avril
**Exposition :** soleil
**Type :** bulbeuse

# [ Rose et délicatement parfumée ]

**Nom latin :** *Tulipa*
**Famille :** Liliacées
**Hauteur :** 25 à 35 cm
**Floraison :** avril
**Exposition :** soleil ou mi-ombre
**Type :** bulbeuse

'Peach Blossom' ouvre aux premiers beaux jours d'avril des fleurs doubles, dont le coloris, alternant des zones blanches et rose clair, est parfois rehaussé de flammes un peu plus foncées qui montent le long de ses pétales. En se déployant, ceux-ci dévoilent un cœur jaune bordé de blanc.

Ces fleurs de taille moyenne, de 6 à 8 centimètres, sont portées par des tiges d'environ 30 centimètres : elles ont l'air de manquer un peu de rigidité, mais leur hauteur limitée leur permet de supporter le poids des fleurs, même alourdies par la pluie. 'Peach Blossom' est l'une des rares tulipes odorantes, mais elle ne veut bien diffuser son parfum épicé que lorsqu'elle apprécie le calme d'une journée ensoleillée : le parfum des fleurs est non seulement une notion très subjective qui dépend de la sensibilité de tout amateur, mais il ne se révèle souvent que dans certaines conditions d'heure, d'ensoleillement, d'absence de vent…

### Le mélange Premix Murillo

'Peach Blossom' est l'une des plus célèbres descendantes de la lignée des 'Murillo', une vieille variété de tulipe double hâtive, blanc et rose très pâle, odorante, qui existe depuis 1860. Au cours des années qui ont suivi, celle-ci a donné naissance, par le jeu des hybridations, à de très nombreuses « filles » – pas moins d'une quarantaine. Elles se déclinent dans un assortiment de couleurs, mais toutes ont pour point commun d'être des doubles hâtives de même hauteur.

C'est le mélange de quelques-unes de ces variétés, avec un dosage harmonieux et bien équilibré des couleurs, que les professionnels appellent Premix Murillo. 'Peach Blossom' rose entre de façon la plus importante dans ce mélange, associée aux variétés 'Electra' rouge violet, 'M. Van der Hoef' jaune pur, 'Schoonoord' blanche, 'Orange Nassau' rouge orangé et 'Willemsoord' rouge à bords blancs. À acheter tout prêt ou à préparer soi-même.

### Un tapis de couleurs

Vous composerez un superbe parterre en juxtaposant des taches de tulipes 'Peach Blossom' rose vif et blanc et de *Muscari armeniacum* bleu foncé, dont les fleurs éclosent à même hauteur. À échelle réduite, ce même mélange peut être préparé dans un grand pot ou une jardinière, en serrant bien les bulbes.

**Jeux de couleurs**

*Dans les multiples hybrides et cultivars obtenus au cours des siècles, la diversité est infinie, mais trois couleurs dominent, aussi bien dans les jardins que pour les fleurs coupées : le rose, le rouge et le jaune, tandis que le blanc est de moins en moins fréquent.*
*Le rose revient en force : c'est actuellement la couleur la plus « tendance », la vedette des massifs et des jardinières de ce début de siècle. Le rouge ne laisse jamais indifférent : il invite au mouvement et à l'action. Il est idéal pour rehausser un massif, réduire un espace trop vaste, créer un centre d'intérêt isolé. Le jaune symbolise la gaieté et la joie de vivre, il éclaire et donne de la profondeur, tandis que le blanc ajoute au jardin des touches de raffinement et d'élégance.*
*Ce sont des pigments, les flavonoïdes, dissous dans le suc cellulaire des pétales, qui donnent les coloris. Leur dosage entre en jeu dans les multiples nuances obtenues, mais deux couleurs n'existent pas chez les tulipes : le bleu et le noir.*

# Les belles exotiques

# Le citronnier et autres agrumes

## Senteurs d'Orient

**Nom latin :** *Citrus sp.*
**Famille :** Rutacées
**Hauteur :** jusqu'à 8 m
**Floraison :** printemps
**Exposition :** soleil
**Type :** petit arbre ou arbuste

Les *Citrus*, genre qui regroupe presque tous les agrumes, sont des petits arbres ou des arbustes à port arrondi, souvent épineux, qui portent des feuilles persistantes, simples et alternes, vert foncé lustré sur le dessus, mat sur le dessous, qui exsudent une huile parfumée. Ils se couvrent au printemps, de grappes de petites fleurs blanches à cinq pétales, délicieusement odorantes : une odeur de… fleur d'oranger, qui évoque la pâtisserie orientale. Les fruits, de grosseur variable, de forme plus ou moins arrondie et d'une couleur oscillant entre le jaune clair et l'orange foncé, parfois verts, vont mettre ensuite une année à mûrir, assurant un décor moins odorant, mais joliment coloré.

### Une plante d'orangerie

Ce sont des arbustes frileux qui ne supportent que de très courtes périodes à 0 °C. Il est donc conseillé de les cultiver en serre ou en véranda, ou tout au moins de les y rentrer pendant les mois les plus froids, car ils n'aiment pas rester sous couvert toute l'année.
Installez donc vos agrumes dans un grand bac, dans un mélange de terreau et de terre franche, ou dans un terreau spécial pour agrumes, et placez-les en pleine lumière, tamisée cependant aux heures les plus chaudes. Pendant la période de croissance, pensez à arroser régulièrement vos *Citrus* avec une eau à température ambiante, bassinez le feuillage et apportez de l'engrais liquide tous les quinze jours. Dans les régions aux climat doux, vous pouvez planter des agrumes au jardin, dans un sol frais, léger et bien drainé, et en plein soleil. Ils ont une croissance lente et ne demandent qu'une taille d'entretien annuelle, pour aérer la ramure et supprimer les branches mortes.

### Une haie aromatique

Dans les jardins méditerranéens, ces jolis arbustes au feuillage persistant sont intéressants pour former une haie, par exemple le long d'un mur bien exposé.
Ailleurs, dans un très joli contenant, plutôt en bois, de style bac d'orangerie, ou en poterie, les agrumes composent pendant la belle saison un cadre idéal – et délicieusement odorant – au jardin ou sur la terrasse.
En les rentrant pendant l'hiver dans une véranda dont la température ne dépasse pas les 15 °C, vous continuerez à profiter de ce décor.

**Une plante de collection**

*Les agrumes sont originaires de Chine et du sud-est de l'Asie, où certaines espèces sont cultivées depuis la préhistoire. Vous pourrez, dans cette vaste famille, choisir une petite dizaine d'entre elles pour composer une belle collection.*
*Le calamondin (*Citrus mitis*) est devenu très à la mode : sa culture est en effet facile en appartement et sa floraison blanche est parfumée.*
*Le citronnier (*Citrus limon*) est relativement rustique et supporte des petits gels. Ses fleurs sont également parfumées comme celles de l'oranger (*Citrus sinensis*), du clémentinier (*Citrus clementica*), du mandarinier (*Citrus deliciosa*) ou encore du kumquat (*Fortunella nagami*).*

# Des senteurs fruitées

Les hampes florales des freesias sont des tiges souples et ramifiées, qui s'incurvent à leur extrémité. Elles portent regroupées en épi oblique ou horizontal une demi-douzaine de fleurs érigées en forme de trompette, délicatement parfumées.

Selon les variétés, ces fleurs se déclinent dans une multitude de couleurs, vives ou pastel. Initialement simples, elles se dédoublent dans certaines obtentions récentes, et se montrent souvent dans ce cas encore plus odorantes. Les tiges de ces épis de fleurs sont entourées d'un éventail de grandes feuilles lancéolées, rigides, d'un profond vert foncé.

## Une frileuse à protéger

Tous les freesias actuellement cultivés sont issus d'espèces sauvages qui proviennent d'Afrique du Sud : ce sont des tropicales qui n'apprécient pas les grands froids des hivers rigoureux.

Il vaut donc mieux attendre la fin des gelées avant de planter leurs cormes, à environ 10 centimètres de profondeur, dans un sol frais et bien drainé, plutôt en plein soleil.

Vous pouvez aussi planter des bulbes en pot, de septembre à novembre, que vous

### Freesia n'est pas fraise

*Ce n'est pas en raison de son parfum de fraise que cette fleur porte un nom de même intonation… Mais tout simplement parce que ce genre a été dédié en 1866 par le botaniste F.W. Klatt au médecin allemand Theodor Freese.*
*Après leur découverte et leur introduction en Europe au début du XIX^e^ siècle, la sélection et l'hybridation ont été tellement importantes que les fleurs somptueuses que l'on trouve aujourd'hui ne ressemblent plus que de loin aux humbles trompettes des freesias sauvages.*
*Ces freesias hybrides ont ainsi pour parents plus ou moins lointains des* Freesia armstrongii *ou* corymbosa, *d'un rose attrayant marqué de jaune à la base, et des* Freesia refracta, *aux fleurs jaunes ou blanches très parfumées, parfois teintées de pourpre.*

conserverez en serre froide. Regroupez-les en nombre impair, cinq, sept ou neuf, et recouvrez-les de 2 à 3 centimètres d'un mélange de sable, de terreau et de tourbe.
Les freesias sont très sensibles à la sécheresse et des arrosages réguliers doivent permettre de maintenir la terre constamment humide durant la période de croissance.
Si la température de leur abri avoisine 15 °C, ils fleuriront en mars-avril, mais si elle est simplement hors gel, il vous faudra attendre un peu plus tard, en mai-juin.

### En massif ou en vase

La plupart des variétés de freesias sont cultivées par les horticulteurs pour les fleurs coupées, et très peu de bulbes sont destinés au jardin.
Vous pourrez choisir par exemple 'Ballerina', dont les tiges rigides portent des fleurs blanches ; 'Blue Haven', une variété mauve bleuâtre à gorge jaune ; 'Red Lion', rouge orangé ; ou encore 'Golden Melody', toute jaune. Les fleurs semi-doubles offrent également un large échantillon de coloris : 'Elan', lilas à gorge blanche ; 'Rosalinde', rose foncé à gorge jaune ; 'Uchida', bleu lilas…
Au jardin, vous pouvez les associer à des annuelles, comme les pois de senteur ou les capucines, ou les laisser former à eux seuls de grandes taches isolées.
Coupés et mis en vase, les freesias tiennent longtemps, embaumant la pièce de leurs fragrances que d'aucuns estiment fruitées, d'autres jasminées, d'autre encore boisées : des sensations comme souvent très subjectives mais non moins riches de plaisirs.

**Nom latin :** *Freesia*
**Famille :** Iridacées
**Hauteur :** 30 à 40 cm
**Floraison :** mars – juin
**Exposition :** soleil
**Type :** bulbeuse à corme

# L'héliotrope du Pérou

## Suave et vanillé

**Nom latin :** *Heliotropium arborescens*
**Famille :** Boraginacées
**Hauteur :** 30 à 50 cm
**Floraison :** juin – octobre
**Exposition :** soleil
**Type :** annuelle ou vivace

Les feuilles simples et entières, lancéolées, vert mat très foncé et persistantes de cette plante buissonnante ont un aspect gaufré, rugueux au toucher.
De juin à octobre, s'épanouissent des bouquets de minuscules petites fleurs tubulées, dans des nuances de tons bleu foncé qui forment de larges inflorescences irrégulières, aplaties ou légèrement bombées. Elles dégagent des effluves de vanille, appuyés d'un soupçon d'amande.
Les soirs d'été, ce parfum suave se répand dans le jardin et y apporte une touche de plaisir rare.
Plusieurs variétés de cette plante, connue également sous le nom d'herbe de Saint-Fiacre, sont couramment proposées : la variété naine 'Marine', aux fleurs intensément violet foncé, est la plus connue. 'Dame Blanche', plus rare, a une floraison de couleur blanche.

### Une plante qui craint le froid...

Comme ces héliotropes ne sont pas rustiques, il est conseillé de les cultiver dans des pots que vous prendrez bien soin de rentrer en hiver dans une véranda ou dans toute autre pièce dont la température est d'environ 10 °C.
Si vous choisissez de les installer en pleine terre, il faudra les arracher à l'automne et les mettre de la même façon à l'abri dans une terre enrichie. Vous les taillerez à la sortie de l'hiver, pour les pousser à se ramifier.
Si vous n'avez pas de bonnes conditions pour les faire hiverner, vous pouvez aussi les jeter et recommencer votre plantation au printemps suivant.
Choisissez des variétés compactes qui ne se dégarnissent pas sur leur base. Semez vos héliotropes au printemps sous abri puis installez-les en place à la fin du mois de mai en les espaçant suffisamment, d'une trentaine de centimètres. Ou pour plus de facilité, achetez des plants. Ils demandent une terre riche, fraîche et bien drainée, un emplacement chaud et ensoleillé, et des arrosages fréquents.

### ... et s'épanouit au soleil

Les héliotropes hybrides, à conduire comme des annuelles, sont les plus couramment cultivés dans les jardins.
Mais dans le Midi ou en bord de mer, ils peuvent être conservés comme des vivaces.
En les plaçant près de la maison ou d'un lieu de passage, vous profiterez au maximum

**Des Anciens aux dames de la Cour**

*Pline a longuement disserté sur les vertus médicinales de l'héliotrope : « quatre grains de l'héliotrope, disait-il, guérissent de la fièvre quarte, trois de la fièvre tierce. »*
*À cette époque on considérait également l'héliotrope comme souverain contre la piqûre de scorpion. Mais rien ne laisse à penser qu'il s'agissait en fait de la même plante !*
*Car notre héliotrope aux ombelles bleues et aux effluves de vanille fut découvert en 1740 au Pérou par Joseph de Jussieu, attiré par son parfum. Il lui donna ce nom qui signifie « tourné vers le soleil » et en envoya quelques graines en France pour qu'elles soient plantées dans le Jardin du Roi. Les dames de la Cour furent émerveillées des fleurs obtenues, qu'elles surnommèrent « herbe d'amour ». Dans certaines fêtes, le port d'un bouquet d'héliotrope devint même pratiquement obligatoire. La signification symbolique de l'héliotrope dans le langage des fleurs reste d'ailleurs « Je vous aime ».*

de leur capiteux parfum. Vous formerez un très bel ensemble en les associant à d'autres arbustes de soleil au feuillage gris, comme des armoises ou des santolines.
Si vous aimez les mélanges de couleurs, essayez le mariage des héliotropes avec des calcéolaires jaunes, des pélargoniums et des sauges rouges : un type de massif très à la mode au XIXe siècle.

# Charme parfumé d'une nuit

**Nom latin :** *Hemerocallis sp.*
**Famille :** Liliacées
**Hauteur :** 50 cm à 1 m
**Floraison :** mai-juin pour *H. lilioasphodelus*, juillet-août pour *H. citrina*
**Exposition :** soleil ou mi-ombre
**Type :** vivace

Elles ressemblent à des lis jaunes avec leurs grandes trompettes en grappes, toutes simples dans leur élégance. Les hémérocalles botaniques ont conservé le charme des fleurs sauvages d'autrefois, et surtout leurs fragrances, qu'ont sensiblement perdues les variétés hybrides dont on a cherché surtout à accroître la taille et à diversifier les couleurs. Chaque espèce dispense un parfum spécifique : l'*Hemerocallis citrina* diffuse en été, comme l'évoque si justement son nom, une odeur citronnée d'agrume, tandis que l'*Hemerocallis lilioasphodelus* (ou *H. flava*), dégage des effluves plus forts, qui évoquent la fleur d'oranger ou le chèvrefeuille ; cette dernière espèce, aux trompettes un peu plus claires et aux pétales plus arrondis, s'épanouit dès le mois de mai.

## Des fleurs nocturnes

Les hémérocalles sont de vigoureuses plantes vivaces dont les racines charnues s'installent solidement dans les massifs, sans craindre même les fortes gelées. Chaque saison, au milieu de leurs touffes de longues feuilles élancées bien vertes, émergent ces grandes fleurs, certes éphémères puisqu'elles ne durent que quelques heures, mais qui se succèdent en abondance. C'est le soir, à la tombée de la nuit, que ces trompettes éclatent dans toute leur splendeur, attirant par leurs parfums citronnés les insectes nocturnes qui vont les féconder. Si l'été est sec, arrosez-les régulièrement car elles sont très assoiffées pendant toute leur floraison. Les feuilles grossières des hémérocalles disparaissent dès le mois de septembre pour la *citrina*, mais demeurent pendant l'hiver pour l'espèce *lilioasphodelus*, que l'on appelait autrefois « tubéreuse jaune ». En apportant une petite poignée d'engrais à l'automne, vous aiderez leur partie souterraine à recomposer des réserves pour l'année suivante.

## Ambiance champêtre

Installez les tubercules de vos hémérocalles à l'automne ou leurs touffes de feuilles au tout début du printemps, dans une bonne terre profonde, même à mi-ombre, puisque c'est le soir que s'épanouissent leurs fleurs. Vous pouvez aussi les cultiver en pot. En les associant à des graminées, ou à de grandes fleurs bleues un peu sauvages comme les ancolies, vous recréerez une atmosphère champêtre très « tendance ».

**Lis d'un jour**

*Les hémérocalles sont véritablement le symbole de la beauté fugitive. Elles ont aussi toute l'élégance des lis, dont le parfum suave s'exprime, comme pour elles, encore plus intensément le soir. Les fleurs des espèces botaniques sont certes moins grandes et moins somptueuses que celles des hybrides, mais ce sont elles qui embaumeront vos nuits d'été. En effet, très peu d'hybrides d'hémérocalles sont parfumés.*

# Le réséda odorant

## [ Mignonnette musquée ]

**Nom latin :**
*Reseda odorata*
**Famille :** Résédacées
**Hauteur :** 30 à 60 cm
**Floraison :**
juillet - octobre
**Exposition :** soleil
**Type :** annuelle

Le réséda était très à la mode au XIXe siècle : on l'appelait mignonnette, et en dehors de son attrait décoratif, on en extrayait une huile essentielle et une teinture jaune.
Il est passé de mode, et c'est bien malheureux car son parfum musqué et délicieux agrémente les plates-bandes, aussi bien de jour que de nuit. Quoique… les cultivars modernes sont certes plus spectaculaires, avec des fleurs plus grosses et plus colorées, mais elles sont malheureusement beaucoup moins parfumées.
Le réséda est une plante herbacée annuelle qui forme une touffe de rameaux d'abord étalés, puis dressés, bien ramifiée et haute de quelques dizaines de centimètres.
Les feuilles alternes sont entières, en forme d'ellipse, parfois découpées en trois lobes, avec des nervures saillantes.
La touffe se garnit de juillet à octobre de grands épis allongés jaune-vert, très légers, qui attirent les abeilles. Ils sont composés de minuscules fleurs en étoiles, de quatre à sept pétales, éclairés par l'orange de leur petite touffe d'étamines.
La variété 'Machet' est plus petite et compacte, et ses fleurs sont de longs épis teintés de rouge. Elles sont restées, elles, comme le réséda type, très odorantes.

### Une annuelle à semer tous les ans

Semez des graines en mars ou avril à l'abri, ou directement en place un peu plus tard. Le réséda pousse vite et quelques pieds suffisent à garnir un espace laissé vide dans un massif.
Réservez-leur un sol assez riche et bien drainé, de préférence alcalin, et un emplacement largement exposé au soleil. En conséquence, ils demanderont à être fréquemment arrosés. Les résédas sont des plantes très rustiques, qui supportent très bien le climat de bord de mer. Dans votre massif, enlevez régulièrement les fleurs fanées pour prolonger la floraison. En région de climat doux, ou en le rentrant dans une serre, vous pourrez garder votre réséda deux ou trois ans et en faire un vrai petit arbuste, plein de parfum pendant l'été.

### Parfum de fleurs coupées

En plates-bandes, en bordures, associez vos résédas avec d'autres fleurs : elles donneront

**Le réséda qui calme**

*Le nom de cette plante est une adaptation du verbe latin* resedare, *qui signifie « calmer un mal, guérir ».*
*Dans l'Antiquité, il était apprécié pour ses vertus médicinales, et des archéologues en ont trouvé des fragments dans des sépultures gréco-romaines.*
*Pline explique qu'on appliquait cette plante sur les plaies ou les tumeurs pour ses valeurs sédatives, tout en prononçant une formule incantatoire du type* reseda morbos reseda, *autrement dit « calme les maladies, calme ! »*
*En France, ce serait Joséphine qui aurait lancé la mode des pots de mignonnette, après avoir reçu des graines d'Égypte expédiées par son impérial époux. Plus tard, le mot « réséda » fut également employé pour qualifier la couleur vert jaunâtre évoquant celle de ces fleurs.*

de la couleur à ces grands épis un peu fades, qui leur feront bénéficier en échange de leur aspect léger.
C'est en cultivant vos résédas en pot, ou en composant des bouquets de fleurs coupées dans la maison, que vous apprécierez le mieux le délicat parfum de ces fleurs. Elles conservent cette senteur délicate pendant des mois, même séchées.

# Éblouissant de fraîcheur

**Nom latin :** *Choisya ternata*
**Famille :** Rutacées
**Hauteur :** 1,50 à 2 m
**Floraison :** printemps
**Exposition :** soleil ou mi-ombre
**Type :** arbuste

Ce bel arbuste au feuillage persistant et lustré adopte un port arrondi et régulier. Ce sont les trois folioles de ses feuilles composées, arrondies au sommet, qui lui valent son nom d'espèce de *ternata*.
Froissées, ces feuilles dégagent un parfum épicé et poivré. Au printemps, s'épanouissent à l'aisselle des feuilles des corymbes de petites étoiles blanches. Elles sont elles aussi délicatement odorantes, même à plusieurs mètres, dans des nuances de fleurs d'oranger, auxquelles d'ailleurs elles ressemblent, et d'aubépine. Cette floraison est légèrement remontante en fin d'été.
La variété 'Sundance' est plus remarquable par son feuillage jaune lumineux qui éclaire les coins sombres du jardin que par sa floraison, moins abondante et moins parfumée. Pour obtenir un maximum de jeunes feuilles dorées, il est conseillé de tailler l'arbuste après la floraison.
'Aztec Pearl' est aussi une variété récente : son feuillage est décoratif par sa finesse et sa floraison cette fois, teintée de rose, se révèle particulièrement abondante et odorante.

## Un arbuste de bonne composition

L'oranger du Mexique, connu aussi sous son nom latin de *Choisya*, s'adapte à tous les sols, pourvu qu'ils soient bien drainés et sans excès de calcaire. En préparant votre trou de plantation, apportez donc du sable si la terre est un peu lourde, ainsi qu'un amendement organique pour l'enrichir.
L'arbuste s'épanouira aussi bien au soleil qu'à mi-ombre, à l'exception de la variété aux feuilles d'or qui préfère impérativement une situation ombragée pour garder son lumineux coloris.
Il supporte une température de – 8 °C. Choisissez donc un emplacement à l'abri des vents desséchants et évitez, au nord de la Loire, les endroits où se succèdent gels et dégels. Si toutefois la plante a souffert du froid, il suffit de tailler les parties abîmées : elle repartira de plus belle.
La croissance du *Choisya* est assez lente et il garde une forme compacte et arrondie.
Il est facile à cultiver, ne demande aucune taille les premières années, simplement un arrosage abondant par temps sec et chaud, ou un paillis pour garder la fraîcheur du sol.

### Un cousin des agrumes

*Le* Choisya *ressemble à un oranger. On peut le considérer comme un cousin des agrumes, en plus rustique... et il a été découvert en 1866 dans les montagnes du Mexique par le botaniste M. Hann, qui était alors chargé de collecter de nouveaux spécimens pour une mission scientifique française. Voici toute l'explication de son appellation courante en français.*
*Le nom latin de* Choisya, *en revanche, est un hommage au botaniste suisse Jacques Denis Choisy, qui vécut au XIX*e *siècle et qui est surtout connu pour avoir collaboré avec A. de Candolle à de nombreux ouvrages de descriptions végétales. Ceux-ci font encore référence aujourd'hui.*

### Une place d'honneur

Installez un oranger du Mexique isolé dans un petit jardin, à proximité d'une porte ou sur une allée de passage pour profiter de son parfum, adossé à un mur au sud dans les régions où l'hiver est rigoureux.
Dans un décor plus important, donnez-lui sa place dans un massif d'arbustes, ou dans une haie composée où vous le mélangerez à d'autres espèces, viornes ou lilas. Vous pouvez aussi l'associer à des vivaces : delphiniums, asters, cosmos, pivoines, marguerites...
L'oranger du Mexique peut être cultivé dans un grand bac. Pendant l'hiver, prenez alors la précaution de le protéger, en l'emmaillotant dans un voile d'hivernage.

# Le solanum jasminoides

## [ Superbe dans sa simplicité ]

**Nom latin :**
*Solanum jasminoides*
**Famille :** Solanacées
**Hauteur :** 6 à 10 m
**Floraison :**
été et automne
**Exposition :**
plein soleil
**Type :** grimpante

Cet arbuste, qui appartient à la même famille que la pomme de terre et la tomate, est une vraie liane, dont les longs rameaux volubiles peuvent être palissés.
Ses feuilles ovales, étroites et lancéolées, qui mesurent de 2 à 5 cm de long, sont d'un vert foncé brillant, parfois découpées en lobes ou en folioles séparées. Elles sont semi-persistantes, c'est-à-dire qu'elles ne tombent que partiellement pendant le repos de végétation hivernal.
En été et en automne, éclosent des bouquets réunissant cinq ou six fleurs qui ressemblent à celles de la pomme de terre, superbes de simplicité : elles déploient comme des étoiles cinq pétales réguliers en forme de losange, au cœur desquels pointe l'or des étamines.
Ces fleurs sont d'un tendre gris-bleu, mais il en existe également une variété d'un blanc pur et lumineux : 'Album'.
Leur atout supplémentaire par rapport aux autres *Solanum* : elles sont odorantes, évoquant les essences du jasmin, comme le laisse si facilement deviner leur nom d'espèce.

### Plein soleil

Installez cet arbuste grimpant, de préférence à l'automne – ou en hiver hors des périodes de gel –, dans un sol frais et léger. Dans une terre riche en humus, sa croissance sera plus rapide et sa floraison plus abondante.
Le solanum aime la chaleur et le soleil, et il est préférable de l'orienter plein sud et de le mettre à l'abri des courants d'air. Vous serez également bien avisé de protéger son pied en hiver, tout au moins dans la moitié nord de la France, en l'abritant d'un bon paillis.
Arrosez cette grimpante régulièrement en été s'il ne pleut pas, car une atmosphère sèche la rend sensible aux acariens, mais évitez que l'eau ne stagne au pied.
Si vous voulez lui garder vraiment toute sa superbe, la meilleure chose à faire est de renouveler souvent et sans remords cette plante à la croissance rapide.

### Une liane pleine de vigueur

Faites grimper cette vigoureuse liane sur un treillage ou une grille, le long d'une rambarde ou à l'assaut d'une pergola. Vous pouvez aussi la laisser se débrouiller en toute liberté au milieu d'autres arbustes.

**La grande famille des pommes de terre**

*Seuls les jardiniers connaissent la beauté des fleurs de pomme de terre, ces étoiles toutes simples, blanches, roses ou violettes. Pouvoir les retrouver sur une liane pleine de vigueur et, de plus, agréablement parfumée aux senteurs de jasmin, voilà un plaisir dont il ne faut pas se priver, tout au moins dans les régions aux climats les plus cléments.*
*Comme la pomme de terre,* Solanum tuberosum, *le* Solanum jasminoides *est originaire d'Amérique du Sud, mais il ne fut introduit en Europe que beaucoup plus tard. N'oublions pas qu'au XVI^e^ siècle, les premières pommes de terre furent ramenées, elles aussi, uniquement pour leur intérêt ornemental. Par la suite seulement, elles furent considérées comme de bonnes sources de phytothérapie, avant que leurs tubercules ne soient consommés couramment.*

Les grimpantes s'associent toujours bien entre elles : les fleurs bleutées et toutes simples de votre solanum formeront un joli contraste avec des roses opulentes rouges, roses ou blanches. Succès de mariage garanti également avec des clématites, elles aussi dans des tons tranchant avec ceux du solanum. Choisissez toutefois des clématites bleues ou violettes si vous avez opté pour la variété blanche 'Album'.

# La tubéreuse

## [ Suave et pénétrante ]

**Nom latin :**
*Polianthes tuberosa*
**Famille :** Agavacées
**Hauteur :**
80 cm à 1 m
**Floraison :** automne
**Exposition :** soleil
**Type :** bulbeuse

Contrairement à ce que son nom pourrait laisser supposer, la tubéreuse n'est pas issue d'un tubercule, mais d'une grosse souche qui ressemble à un bulbe. Elle est surtout connue pour avoir l'un des parfums les plus puissants et les plus fascinants du monde floral.
Les longues tiges de cette bulbeuse portent de courtes feuilles sur leur partie inférieure, et à leur base une rosette de feuilles beaucoup plus longues et lancéolées, étroites et linéaires comme des rubans, rougeâtres sur leur revers.
Six mois après la plantation et pendant plusieurs semaines, s'épanouissent sur le tiers supérieur de ces tiges, sur une vingtaine de centimètres de long, de belles grappes de fleurs d'un blanc crème et cireux, nuancé de rose sur les boutons. Elles sont simples ou doubles, en forme de tube évasé et recourbé, terminé par leurs pétales bien ouverts.
L'odeur des tubéreuses est très caractéristique, légèrement fruitée, et se répand surtout le soir.
Le vieux cultivar 'The Pearl' ou 'La Perle', aux fleurs semi-doubles, est encore plus intensément parfumé.

### Un bulbe qui ne fleurit qu'une fois

Plantez les gros bulbes de tubéreuse en mars ou avril pour les voir fleurir à l'automne, en les recouvrant d'une très fine couche de terre. Dans les régions de climat méditerranéen, vous pouvez les mettre directement en pleine terre dans un massif d'annuelles, dans un sol assez riche et bien drainé.
Quand le climat reste plus frais, démarrez la culture en pot dans un mélange de terreau et de terre franche, à l'abri et au chaud, avant de la mettre en pleine terre.
Vous pouvez aussi conduire toute la culture de cette plante gélive dans un pot conservé dans une serre ou une véranda en pleine lumière.
Au jardin, arrachez les touffes avant les premières gelées. Ne gardez pas les gros bulbes, qui ne donneront plus de fleurs, mais conservez les nombreux petits œilletons qui se sont formés tout autour, au frais et au sec.
Vous les replanterez au printemps suivant et vous aurez l'agréable surprise de les voir fleurir à leur tour au bout de deux ou trois ans.

### Un arôme légendaire

*Cette plante, originaire du Mexique, est peut-être la plus intensément parfumée du jardin.*
*Dès la fin du XVI^e^ siècle, Charles de l'Écluse, à qui l'on doit l'introduction aux Pays-Bas des tulipes venues de Perse, cultivait paraît-il également des tubéreuses.*
*Elles auraient été introduites en France quelques années plus tard, pour être cultivées dans la région de Grasse.*
*Aujourd'hui, l'essentiel de la production, utilisée par les parfumeurs, vient du sud-est de l'Inde. Cette chaude odeur entre dans des compositions de type oriental, comme* Poison *de Christian Dior.*
*« Quand les tubéreuses se fanent, estimait Émile Zola, elles ont une odeur humaine ! »*

### Un parfum qui éclipse les autres

Les tubéreuses peuvent être utilisées pour former des petits groupes isolés ou des bordures dans les jardins.
Ne les mélangez pas à d'autres fleurs parfumées : elles les éclipseraient.
Les fleurs de tubéreuse sont également appréciées dans la maison, tenant très longtemps en vase. Mais là non plus, n'essayez pas les mélanges olfactifs. Vos tubéreuses, particulièrement pénétrantes, ne laisseraient aucune chance aux autres senteurs de s'exprimer.

# [ Table des matières ]

# Index

# [ Crédits photos ]

Toutes les photos sont de Jacques Boulay sauf :
p. 70, 81 : Guillot
p. 79 : Clarisse-Pichon
p. 123, 125 : Émilie Courtat

# [ Remerciements ]

Cet ouvrage reprend une partie des titres suivants :
*Bulbes parfumés, Parfums de Jardin, Roses parfumées, Aromatiques, Fleurs parfumées, Grimpantes plaisir* et *Fruitiers plaisir*, parus chez Hachette Pratique dans la collection Jardin des Sens.

L'éditeur, Yves le Floc'h Soye, Marie-Hélène Loaëc, et Jacques Boulay remercient : la Direction des Parcs, Jardins et Espaces verts de Paris ; la Direction des Espaces verts Départementaux et la Direction de l'aménagement et du développement de Nantes qui ont permi la réalisation de reportages à l'École du Breuil, au Parc de Bagatelle, à la Roseraie du Val-de-Marne ainsi qu'à la Roseraie du parc de La Beaujoire.
Pour leur aide très précieuse, que soient remerciés André Brunel (†), Aline Converset, Claude Bureaux, Jean-Pierre Lartigau, Bernard Mando, Christine Martin, Raymond Nazereau et Alain Woisson, les rosiéristes Michel Adam, Henri Delbard, André Eve, Jean-Pierre Guillot, Monique Laperrière, Alain Meilland, et Pierre Orard, les spécialistes des bulbes Richard Cayeux, Sandra Cardinali et Isabelle Poisson du CIBF, René Paauw, Michel Rocher et Philippe Turc, les parfumeurs René Cornon et Jean-F. Laporte.

Dépôt légal : 37353/ octobre 2003
23-75-6822-01/3
ISBN : 2-01-23-6822-0

Achevé d'imprimer en Italie par Editoriale Lloyd

Secrétariat d'édition : Sophie Lilienfeld et Sylvie Gauthier
Création graphique : Marc Walter – Chine
Maquette et réalisation : Florence Cailly – Chine